LE GARDE MUNICIPAL

ROMAN DE MOEURS

Par Maximilien PERRIN.

Auteur des Mauvaises Têtes, de la Servante Maîtresse, de la Fille de l'Invalide, de l'Amour et la Faim, de l'Amant de ma Femme, de la Demoiselle de la Confrérie, de la Femme et la Maîtresse, de ma Vieille Tante, du Mari de la Comédienne, etc., etc.

TOME PREMIER.

PARIS

CHARLES LACHAPELLE, ÉDITEUR,
RUE SAINT-JACQUES, 58.

1841.

LE GARDE MUNICIPAL.

PUBLICATIONS NOUVELLES.

E.-L Guérin.

LES NUITS DE VERSAILLES, 4 v.	20 fr.
LES SOIRÉES DE TRIANON, 2 v.	10
LE LOUVRE SOUS NOS ROIS, 4 v.	20
MADAME DE PARABÈRE, 2 v.	10
LE ROI DES HALLES, 2 v.	6
LES DAMES DE LA COUR, 2 v.	10
LA PRINCESSE LAMBALE ET MADAME DE POLIGNAC, 2 v.	10
LE TESTAMENT D'UN GUEUX, 2 v.	10
LE SERGENT DE VILLE, 2 v.	6
LA MODISTE ET LE CARABIN, 2 v.	6
LA FEURISTE, 2 v.	10
UNE FILLE du peuple et une demoiselle du monde, 2 v.	10
UNE ACTRICE, 2 v.	10
UNE DAME DE L'OPÉRA, 2 v.	6
LE MARQUIS DE BRUNOY, 2 v.	10
LES PETITS ABBÉS et les mousquetaires, 2 v.	10
LA MAITRESSE DE MON FILS, 2 v.	10
MAGDELEINE la repentie ou la fille du capitaine, 2 v.	6
LA LOGE et le salon, roman de mœurs en société avec le baron de Bilderbeck, 2 v.	10
ISABELLE ou femme de chambre et comtesse, 2 v.	10

Le baron de Lamothe-Langon.

REINE ET SOLDAT, 2 v.	6
LE ROI ET LA GRISETTE, 2 v.	6
MONSIEUR ET MADAME, 2 v.	6
CAGLIOSTRO, roman historique, 2 v.	6
LA CLOCHE DU TRÉPASSÉ, 2 v.	6
LA NIÈCE DU CURÉ, 2 v.	10
BONAPARTE et le Doge. roman historique, 2 v.	10
MADEMOISELLE DE ROHAN, rom. histor., 2 v.	6
L'ESPION RUSSE, 2 v.	6

PUBLICATIONS NOUVELLES, format in-12.

Maximilien Perrin.

L'AMANT DE MA FEMME, 5 v.	6 50
L'AMOUR ET LA FAIM, 4 v.	5
LE MARI DE LA COMÉDIENNE, 5 v.	6 50
SOIRÉES D'UNE GRISETTE, 4 v.	5
LA FEMME ET LA MAITRESSE, 4 v.	5
LES MAUVAISES TÊTES, 4 v.	5
LA FILLE DE L'INVALIDE, 4 v.	5

E.-L. Guérin.

LA MODISTE ET LE CARABIN. 4 v.	5
LA FILLE DU CAPITAINE, 4 v.	5
ROBERT-MACAIRE et son ami Bertrand, 4 v.	5
L'IMPRIMEUR ou LES MAUVAIS CONSEILS, 5 v.	6
UNE DAME DE L'OPÉRA, 4 v.	5

Imprimerie de Pommeret et Guenot, hôtel Mignon, 2.

LE GARDE
MUNICIPAL

ROMAN DE MOEURS

Par Maximilien PERRIN.

Auteur des Mauvaises Têtes, de la Servante Maîtresse, de la Fille de l'Invalide, de l'Amour et la Faim, de l'Amant de ma Femme, de la Demoiselle de la Confrérie, de la Femme et la Maîtresse, de ma Vieille Tante, du Mari de la Comédienne, etc, etc.

TOME PREMIER.

PARIS

CHARLES LACHAPELLE, ÉDITEUR,
RUE SAINT-JACQUES, 38.

1841.

I

LA MAISON DE ROMAINVILLE.

— Rends moi mes deux yards ou je tape, d'abord tu sais Coco que j'te les ai gagnés franc jeu?

— De quoi! de quoi! franc jeu, plus souvent! tu m'as triché moutard, bernic! pour tes deux liards.

— Moi tricher, pas vrai! j'en fais juge Goda, qu'à vu le coup de ses propres yeux, à preuve, que ta pigoche a rebondi dans les jambes du petit Mico, qu'il en a la patte écorchée.

— Fanfan t'es t'un trichard, à preuve qu'il y a toujours des querelles à vider quand tu te mets d'une partie.

— Pas vrai! je veux mes deux yards et tu vas me les payer méchant gamin!

— Tes deux liards, plus souvent! ça te fait brosse répond monsieur Coco, âgé de treize ans, en plaçant le pouce de sa main droite sur le bout de son nez et fesant du vent de ses quatres autres doigts à monsieur Fanfan apprentif menuisier et son antagoniste.

Cette discussion venait de s'élever entre les deux gamins, dans le courant d'une matinée d'un beau dimanche de juin et sur le boulevard Bonne-Nouvelle, non loin du théatre du Gymnase, boulevard chéri des enfans de Paris, et des amateurs de la bonne galette, rendez-vous ordinaire d'une foule de polissons en guenilles, mélange d'apprentifs fainéants, de filous en herbe, d'enfans abandonnés à leurs volontés par des parens faibles, insoucians, école dangereuse où le fils de l'ouvrier vient hélas! puiser bien jeune encore, le goût du jeu, de la débauche, du vol et échanger son langage naturel, contre l'argot des bagnes.

Maintenant revenons à nos deux querelleurs et voyons comment va se terminer la dispute.

— Comme cà, tu ne veux pas me donner mon argent méchant crapaud? alors j'vas te démolir; vîte numérote tes abattis!.. reprend Fanfan après avoir mis bas sa blouse, son bonnet sur l'oreille et en plaçant son poing sous le nez de Coco, à qui, son ignoble figure fait un horrible grimace.

— Pas de gestes moutard, je ne te crains pas et si tu touches, je t'écrase, répond Coco, blondin à la figure, belle, ouverte; gaillard bien taillé, qui paraît brave comme un César et dont la mise, quoiqu'étant celle adoptée par les enfans du peuple, blouse bleue et casquette, annonce l'aisance et la propreté.

— Alors paie-moi mes deux yards.

— Tes deux liards, filou, tiens les voilà! houp! pare celui-ci, reçois celle-là,...

— Ah! capon tu tapes sans t'aligner avant! Tiens, gobe c't'atout-là, pare donc le coup de savatte! eh houp!

— Ah chien.

— Filou!

— Tiens donc, en voilà sur ton nazaret de ces croquignoles à coups de poing! Es-tu content, Fanfan?

— Non, j'veux mes deux yards.

— Tiens les voilà, ayes donc, hu donc! en as-tu assez à présent, Fanfan? Et Fanfan, roulé dans la poussière, le visage meurtri, hué par les camarades témoins et juges du combat, de s'avouer vaincu et payé. Coco, désarmé par cet aveu, de se relever et de tendre à son ennemi une main amicale, que ce dernier repousse avec colère.

— Quoi donc, tu maronnes encore, parle fais toi servir Fanfan, si tu n'es pas content.

Et sur la réponse de Fanfan, Coco se disposait à recommencer la bataille, lorsqu'une main qui venait de se poser lourdement sur son épaule, arrêta son ardeur belliqueuse.

— Ah! c'est vous Michel! dit le gamin d'un air confus et embarrassé après s'être retourné vivement et en s'adressant au garde municipal, dont la main pèse encore sur son épaule et dont l'aspect met en fuite toute la gent polissonnière.

— Moi même, qui te trouve encore en-train de te battre parmi cette bande de mauvais sujets et cela, malgré la promesse que tu fis hier à la bonne mère Germain ta tutrice, à ta chère sœur Pauline, de ne plus jouer sur les places, de ne plus fréquenter la mauvaise société...

— C'est juste Michel, jai tort, mais cela ne m'arrivera plus. Aussi, pourquoi ce méchant galopin de Fanfan, chicanne-t-il toujours au jeu et réclame-t-il ce qui ne lui est pas dû?

— Fi donc! Octave, se battre ainsi sur un boulevard, toi un enfant de bonne maison, préférer une semblable société, lorsque chez toi, t'attendent une mère, une sœur.

— Assez, assez Michel, encore une fois, cela ne m'arrivera plus, fait Octave Coco, d'un ton ou percent l'humeur et l'impatience.

— Cela ne t'arrivera plus, fort bien ! mais voilà vingt fois que tu me fais cette promesse et cependant tu retombes sans cesse dans la même faute.

— Bon ! encore un reproche pour m'avoir réclamé l'autre jour au corps de garde ?

— Où tu aurais passé la nuit sans mon intercession.

— Ce n'eût pas été juste, une aussi forte punition, pour deux sous de poivre que j'avais jetté par farce et en passant, sur le flanc de la pâtissière du boulevard du temple.

— Il y a au plus huit jours que je t'ai encore retiré des mains d'un sergent de ville qui te conduisait au violon.

— Soit, mais c'était encore de l'arbitraire. Le sergent passe au moment où je lance ma toupie, le fer de la susdite, s'avise d'aller frapper juste sur le pied du particulier, le sergent, qui a le caractère aussi mal fait que sa personne, prétend que je lui ai endommagé son potager et lève sa canne sur moi sans plus de façon, je m'éclipse et le rotin, au lieu de tomber sur mes épaules, va frapper en plein sur la tourte au godiveau, que portait un patronet à une pratique, puis envoie les boulettes et le vol au vent à tous les diables. Alors, le pâtissier de réclamer le payement de la dite tourte, le sergent de ville, en véritable sournois, de m'accuser de l'accident, de prétendre me faire payer les pots cassés; moi d'essayer à jouer des jambes afin de me soustraire à toute explication fastidieuse, mais mon ami le sergent en me lâchant de loin sa canne au travers des jambes, de me faire trébucher et mesurer la terre de toute ma longeur, terrassé, vaincu, saisi au collet, j'allais faire connaissance avec la souricière du corps de garde du Château-d'eau;

lorsque le bon Dieu, vous envoya à mon secours et tout exprès pour payer la boulette.

— Que dirait madame Germain d'une telle conduite si je ne m'efforçais de la lui cacher en couvrant tes sottises de mon mieux? dit le garde municipal avec douceur en donnant de sa main gantée, un petit coup sur la joue fraîche de Coco.

— Dam! elle ne serait peut-être pas trop satisfaite : aussi Michel, vous êtes bon, vous ne voulez pas par le récit de mes fredaines, chagriner ma vieille bonne mère. Oh! vous êtes un ami vous, un bon ami et moi un méchant maume, un gamin, un polisson incorrigible. Je m'en veux, allez et beaucoup de me mettre sans cesse dans le cas de faire de la peine à cette mère Germain, bonne vieille s'il en fut, puis à Pauline ma chère sœur, qui a tant soin de moi, qui ne cesse de raccomoder mes blouses, de m'entretenir de petits sous en cachette. Michel, Michel! décidément je me corrigerai mon vieux, plus de marelle: plus de toupie, plus de camarades des rues et surtout! plus d'école buissonnière, car tout cela c'est mal, bien mal! Ainsi disait l'enfant avec l'accent de la vérité; l'enfant dont une larme brillait en ce moment sur la paupière et Michel, le bon Michel, souriait à ce projet de conversion.

C'était en cheminant sur le boulevard, en se dirigeant vers la rue d'Angoulême au marais, demeure d'Octave Coco, que le garde municipal et son jeune compagnon, causaient ainsi. Michel a vingt neuf ans, une figure noble et belle, grand, bien fait, voilà sept ans qu'il sert dans la garde municipale à cheval. Son caractère, bon, franc, sa probité exquise, l'ont fait estimer de ses chefs. Michel est orphelin, sa mère, vivandière de la grande armée, mourante sur un monceau de neige, lors de la funeste retraite de Moscou, le confia, âgé de 4 ans, aux soins, à la pitié d'une cantinière sa camarade, en la conjurant de sauver son enfant de la faim, du froid dont elle même expirait victime. Catherine Bidois, bon cœur et bon diable, afin d'exaucer le vœu de Geneviève Pingon, la mourante, s'empressa d'envelopper le petit Michel à moitié mort de froid, dans l'épaisse houppelande dont elle venait, à son profit, de dépouiller le cadavre d'un vieux grenadier et de prendre la fuite aussitôt pour se soustraire aux regards des cosaques, dont elle apercevait au loin, de l'autre côté d'un mamelon, s'agiter les lances meurtrières. Catherine, après avoir attaché sur son dos, l'enfant que le bon Dieu lui envoyait, avec ce précieux fardeau, traversa la Russie, la Pologne, une partie de l'Allemagne, puis elle était rentrée en France et une fois là, comme il n'y avait rien de plus beau, de préférable aux yeux de la vivandière, que le métier de soldat, Catherine donc, fit cadeau de son petit Michel au régiment des dragons de l'Impératrice qui, tout entier, adopta le mioche ainsi que la bonne cantinière. Michel reçut donc une éducation toute militaire, car, lorsque l'empire s'écroula, ce fut un régiment de la garde royale qui acheva l'œuvre méritoire des dragons, en se chargeant de faire un homme de l'enfant de troupe. Puis, arriva la révolution de Juillet, journées mémorables, où Michel refusant de faire feu sur des Français, des amis, jeta bas la cocarde blanche et s'en fût consoler, rassurer la bonne vieille Catherine, retirée du service et vivant d'un petit revenu dans un modeste réduit situé rue d'Angoulême au marais, même maison que la famille d'Octave Coco. Vint quelques temps après, la formation du beau corps de la garde municipale à cheval, élégant uniforme, tout semblable à celui que portaient jadis les dragons de l'Impératrice, et dont l'aspect fit tressaillir le cœur de Michel en lui rappelant les bienfaiteurs de son enfance. Ah! quel bonheur pour Michel, s'il pouvait être admis dans ce beau régiment, y servir avec honneur, fidélité, et surtout près de sa mère d'adoption la bonne Catherine dont les vieux ans exigeaient sa présence et ses soins. Quelques protecteurs, quelques démarches et les vœux de notre héros furent comblés, le 26 octobre 1831, Michel endossa l'uniforme et monta à cheval.

— Michel, vous n'êtes point de service aujourd'hui à ce qu'il me paraît? s'informait Coco, comme ils atteignaient le boulevard du Temple.

— Non, et de plus je possède une permission de vingt-quatre heures, heureux privilége! qui me met à même de profiter amplement de l'aimable invitation de madame Germain votre tutrice, d'aller passer cette journée entière avec elle, mademoiselle Pauline et toi, à votre petite campagne de Romainville, répond Michel en souriant.

— Eh bien, tant mieux, çà me fait plaisir de vous savoir avec nous Michel, car je vous aime de tout cœur, mon vieux, quoique vous ne soyez pas chiche de me corner de la morale aux oreilles.

— C'est pour ton bien Coco, dans l'intérêt de la tranquillité de ta vertueuse famille.

— Nous allons donc ce jour à notre campagne? j'en suis enchanté d'autant plus, qu'il est temps de dénicher certain nid de merles que j'ai découvert et dont les locataires pourraient fort bien, un peu plus tard, prendre leur volée sans ma permission. En continuant de jaser ainsi, Michel et Coco atteignirent la rue d'Angoulême, puis leur demeure et parvenus sur le même carré, situé à un quatrième étage ; chacun d'eux, frappa à une porte différente, l'une située à droite, l'autre à gauche.

— Vous voilà mauvais sujet, d'où venez-vous ? de polissonner sur les places lorsque vous savez qu'on vous attend pour partir ? dit Madame Germain vieille femme au visage vénérable avec l'accent de la douceur en s'a-sant à Coco.

— Bon jour bonne mère, çà vous va bien ce matin, car je suis parti que vous dormiez encore. Cela disant, Coco de prendre dans ses mains la tête de la vieille dame et de déposer deux gros baisers sur ses joues.

— Laissez-moi, Monsieur, je suis fort en colère et ne veux pas que vous m'embrassiez. S'il y a le sens commun de nous faire attendre ainsi, tout habillées, à quelle heure arriverons-nous à Romainville?

— Allons bonne mère, pas de fâcheries avec notre enfant chéri, vite! dépêchez-vous de lui faire la risette, de lui pardonner, reprend Coco, en se contournant d'une façon grotesque, en gambadant à l'imitation du singe, en fixant sur la dame, un regard câlin, et faisant tant enfin, que la bonne vieille perdant son sérieux finit par rire à son tour et rendre au centuple au gamin, les caresses qu'elle vient d'en recevoir. Un petit appartement bien distribué, un mobilier plus confortable qu'élégant, le tout d'une extrême propreté et qui annonce une heureuse aisance. Dans une petite chambre, située au fond de l'appartement, une jolie fille agée de dix-huit ans au plus, à la blonde chevelure, au visage enchanteur, dont l'air respire la candeur et l'innocence, de plus une taille svelte, gracieuse, type charmant, admirable, une Hébé enfin et dans toute sa fraîcheur. C'est Pauline, la sœur de Coco; et la belle fille, parée de sa mise des dimanches, debout devant une petite glace, attache les dernières épingles de sa toilette, donne le gracieux aux boucles de sa riche chevelure.

— Bonjour sœur! dit Coco entrant brusquement dans la chambre.

— Enfin te voilà vilain enfant que je cherche depuis deux heures en tous lieux.

— Sœur, si tu m'avais bien cherché tu m'aurais trouvé sur le boulevard.

— Oui, parmi une foule de polissons.

— De plus, occupé à une revanche de marelle avec Fanfan Guidon, le tricheur le plus fameux que je connaisse, avec lequel il faut sans cesse en venir aux coups, aussi, lui ai-je administré tout-à-l'heure, une copieuse pâtée.

— Fi ! que c'est vilain de se battre ainsi.

— Sœur, pas de morale hein! j'en ai plein les oreilles grâce au fils de la voisine, l'ami Michel, qui ne me l'épargne pas je te jure.

— Et cependant cela ne te rend ni plus sage, ni plus obéissant. Mais laissons cela et habille-toi Octave, car nous sommes en retard et nous avons du monde à diner aujourd'hui ; tu trouveras tes habits tout préparés sur ton lit.

— Du monde, dis-tu ? ah ! oui, Michel.

— Ainsi que notre voisin Mitonet qui a désiré être de la partie, reprend Pauline.

— Quoi! le Mitonet, cette vieille allumette sans souffre, je ne peux pas le sentir, un juif, qui fait de l'escompte dit-on, à cent pour cent, et ne sort pas des églises afin de mieux cacher son jeu.

— Propos de méchante langue auxquels il ne faut pas ajouter foi, répond Pauline.

— C'est égal je vais joliment m'amuser à ses dépens, dit Coco en sautant sur un pied, autour de la chambre.

— Mais ce drôle-là a donc juré de nous faire partir ce soir, qu'il gambade ainsi, au lieu d'aller s'habiller? s'écrie Madame Germain avec humeur en entrant dans la pièce.

— On y va bonne mère, ne vous fâchez pas, répond Coco en sortant ses pieds de ses souliers et appelant Javotte de toute la force de ses poumons.

— Eh! bien, que lui voulez-vous à Javotte?

— Rien qu'un coup de cirage à mes escarpins.

— Elle n'y est pas Monsieur, elle est partie devant, avec les provisions, à vous donc à nettoyer votre chaussure, ce matin.

— Peut-on entrer? fait entendre une voix mielleuse, après un petit coup frappé sur la porte.

— Ah! c'est le voisin Mitonet. Entrez voisin, entrez, s'écrie Madame Germain. Puis la porte de s'ouvrir et de donner passage à un petit homme maigre et sec, au teint pâle, racorni, qui, pour son entrée, s'embarrasse les jambes dans un bâton que Coco vient de glisser en travers la porte et va tomber le nez contre terre.

— Oh! ciel voisin, vous êtes-vous blessé?

— Non, non, ce n'est rien, seulement une mauvaise plaisanterie de ce petit drôle que je vois fuir en ricannant, répond Monsieur Mitonet en se frottant les tibias puis le bout du nez.

— Le terrible enfant! soupire madame Germain en offrant une chaise à M. Mitonet.

— Mesdames, j'ai bien l'honneur de vous saluer, dit Michel paraissant à son tour, et revêtu de l'habit bourgeois, sous lequel il a, ma foi, bonne façon.

— Bonjour monsieur Michel, soyez le bienvenu, disent les deux femmes qui accueillent le militaire avec empressement.

— Je vous ai peut-être fait attendre, excusez-moi, car il m'a fallu faire ce matin le service d'un camarade malade.

— Toujours obligeant, bon, charitable, cet excellent M. Michel! Non mon ami, non! Vous n'êtes point en retard, car nous ne faisons que d'achever notre toilette, Pauline et moi, puis M. Mitonet, qui a la complaisance de venir partager notre dîner champêtre, ne fait que d'arriver à l'instant, répond la vieille dame à Michel, dont les yeux, en entrant, se sont fixés avec intérêt sur la jeune fille occupée à ajuster, sur sa tête, un gracieux chapeau de paille.

— A çà, belles dames, est-ce que par hasard l'excellente tête de veau à la tortue que j'ai donné ordre au restaurateur d'apporter, ne serait point encore ici ?

— Nous n'avons rien reçu, M. Mitonet, et bien en a pris à votre traiteur, de vous oublier, car nous n'aimons pas que les personnes invitées par nous à dîner, payent leur écot.

— Il ne s'agit pas d'écot, mesdames, mais d'un mets excellent dont il me plaît de vous faire goûter, un mets, enfin qu'on ne rencontre pas dans les ménages, et que nous eussions emporté avec nous, bien caché dans une casserolle et enveloppé de force linge, afin qu'il ne se refroidît pas en route.

Et comme le voisin expliquait ainsi, d'un accent traînard, et avec accompagnement de gestes, la sonnette vient à s'agiter, puis le garçon traiteur, la tête de veau, l'un portant l'autre, se présente, à la grande satisfaction du voisin gourmand.

Tandis que M. Mitonet et madame Germain sont allés recevoir le marmiton, Michel de s'adresser à Pauline :

— Est-ce que nous ne verrons pas aujourd'hui le vieil ami de votre famille, cet excelent M. Pierre Renaud, mademoiselle?

— Hélas! non, je ne le pense pas monsieur Michel, ce respectable ami n'est pas à Paris en ce moment, sans cela, il ne serait pas resté quinze jours sans venir nous voir.

— Quoi! déjà quinze jours, que je passai ici, avec lui, la soirée à faire la partie cartes.

— Tout autant, monsieur Michel, répond la jeune fille.

— Savez-vous que cet état de marchand forain est des plus fatigans, pour ce bon M. Pierre Renaud? reprend Michel.

— Et fort dangereux, ajoutez encore, car notre ami voyage souvent, très souvent la nuit, aussi cela nous donne-t-il des inquiétudes affreuses, surtout lorsqu'il reste loin de nous plus longtemps que de coutume.

— C'est une chose rare que l'amitié, l'amour de père, qu'a voué ce brave homme à toute votre famille, qui lui est, cependant, entièrement étrangère; observe Michel avec timidité.

— Pierre Renaud fut jadis le camarade, l'ami intime de notre père, celui de l'époux de madame Germain, notre mère adoptive, rien de surprenant qu'il ait déversé sur la veuve, les enfans de ses amis, l'extrême amitié qu'il portait jadis aux maris.

— Rien de plus naturel, en effet! Le brave homme! le brave homme! Une fois qu'on le connaît, on se sent l'aimer de plus en plus, dit Michel.

— N'est-ce pas? Il est si bon! si généreux !

— Ses manières, ses dépenses annoncent un homme aisé?...

— Nous ignorons sa fortune, mais, ainsi que vous, nous le supposons riche, heureux dans ses affaires, répond Pauline.

— Ah ! bien, en v'là une scie, j'étais sûr que ce vieil hibou de Mitonêt allait nous porter malheur, dit Coco en entrant et venant avec humeur se jeter sur une chaise.

— Qu'as-tu donc, mon frère!...

— Ce que j'ai? pardienne! c'est ce vieux racorni, avec sa tête de veau, comme s'il n'avait pas assez de la sienne, sans en acheter encor cheez le gargotier.

— Allons Coco, c'est mal à toi d'insulter ainsi, par des mots grossiers, un homme d'un âge respectable, un ami de la maison.

— Bon ! prends son parti à présent, tombe aussi sur mon dos, ne te gêne pas !

— Mais enfin explique-toi, et apprends-nous d'où te vient cette colère contre M. Mitonet ? fait Michel.

— Ça vient, ça vient de sa tête de veau, que bonne mère veut que je trimballe d'ici à Romainville. Hein ! comme ça va être amusant pour moi, une promenade avec une casserolle sous le bras, comme si ce vieux gourmand, n'aurait pu en charger Javotte notre bonne. Oh ! il me paiera ça le vieux grigou !

— Partons, un fiacre est en bas qui nous attend, fait entendre madame Germain en entrant dans la chambre.

— Un sapin ! tiens, qui don a été le chercher ? demande Coco.

— La portière, monsieur, car vous eussiez mis deux heures à nous en amener un. Allons, prenez cette casserolle et tenez-là droite par les coins de cette serviette, afin de ne pas renverser la sauce ni tacher vos habits.

Coco, d'obéir en murmurant et la société, de gagner l'escalier. Là, Michel d'embrasser Catherine, qui au bruit, s'est traînée jusqu'au seuil de sa porte, afin de revoir encore Michel, et de souhaiter à tous, appétit et plaisir. Quelques minutes encore, puis la société emballée dans le fiacre, roulait vers la barrière du Temple.

C'est dans le bois, à deux portées de fusil de Romainville, pays plus champêtre et moins bruyant que les prés Saint-Gervais, que se trouve située la petite maison de campagne habitée par madame Germain, et ses deux enfans, une grande partie de la belle saison. Deux cents francs de loyer, et pour cette somme, une petite salle à manger, un joli salon au rez-de-chaussée, deux chambres à coucher au premier, puis au-dessus, deux cabinets, un occupé par Coco, l'autre par Javotte, servante agée de seize ans. Sur le devant de la maison et bordant la route, un jardinet avec deux bancs, le tout entouré d'un treillage; derrière le bâtiment, un autre jardin planté de légumes et de fruits.

— Bonjour Javotte, eh bien! où donc est toute la maisonnée? s'informait, en entrant dans la demeure champêtre, un homme d'une taille moyenne, âgé d'à-peu-près cinquante ans, au teint coloré, à la voix forte, aux allures brusques, mais de qui les traits respiraient la franchise et la bonté, dont la mise annonçait un homme aisé, mais de la classe commune.

— Ah! c'est vous, monsieur Pierre Renaud, répond la servante accourue à la voix du nouveau venu.

— Parbleu oui, c'est moi, qu'est-ce qu'il

y a de surprenant de me voir arriver ici, chez mes amis, mes bons amis?

— Dam! c'est qu'il y a ben longtemps, tout de même, qu'on ne vous avait vu, reprend la niaise en se dandinant.

— C'est que j'étais en voyage, petite mère. Réponds, où est cette brave mère Germain, ma Pauline, mon petit Coco?

— Je les attendons, mon bon monsieur, car y vont venir de Paris, tout-à-l'heure.

— Quoi! pas encore arrivés! moi qui les croyant fixés à cette campagne depuis un mois, venait les y surprendre. Nimporte, ils vont venir, et cela suffit. En les attendant il s'agit de fumer une pipe et de boire un coup. Voyons toi, au lieu de me regarder comme une bête curieuse, va me chercher à la cave une bouteille du bon coin.

La servante obéit, et Pierre Renaud, en bourrant sa pipe, va s'installer sur le banc, et près de la table du petit jardinet. Il y avait au plus un quart d'heure que notre homme, tout en fumant et buvant, braquait ses yeux au loin sur la route, dans l'intention de voir venir au loin la famille; lorsqu'au détour d'un sentier du bois, situé en face la maison, il aperçut débusquer deux hommes, deux femmes et un enfant, visages hétéroclites, toilettes de boutiquiers de mauvais goût endimanchés, le tout se dirigeant vers lui, ou plutôt vers la maison.

— Madame Germain est chez elle, n'est-ce pas monsieur? s'informe à Renaud un de ces cinq personnages, porteur d'un petit paquet.

— Non, pas encore, mais elle va venir, répond ce dernier, en lâchant une bouffée de fumée.

C'est égal, nous allons toujours nous reposer et nous rafraîchir en l'attendant, car j'apperçois là-bas, dans le jardin, Javotte qui vient à nous, dit l'interlocuteur en se retournant vers ses compagnons plantés sur leurs talons.

— Oui Follet, reposons-nous et buvons, car moi, Bichette ma femme, et mon petit Lolo, nous sommes échignés de fatigue et de soif.

— Moi de même, dit à son tour une des femmes, espèce de cigogne au long cou, au visage suant et écarlate.

— Parbleu! ce bêta de Jolivet, qui nous fait prendre par Ménil-Montant, croyant que c'est le plus court, et nous perd dans le bois.

— Oh! oui, c'est une horreur! ce M. Jolivet a été sans pitié pour nos jambes, fait entendre l'autre dame, grosse dondon aux abatis canails, d'une petite voix mignarde, en adressant un coup-d'œil agaçant au coupable.

— Allons Aspasie, belle Aspasie! ne grondez pas votre esclave soumis; la peine est passée puisque nous sommes arrivés chez les amis à qui nous venons, sans façon, demander tous les cinq à dîner, répond M. Jolivet en essuyant, de son mouchoir, la sueur qui inonde le visage de la plaignante.

— Papa, j'ai faim.

— Tout-à-l'heure, Lolo, soyez sage, on dînera bientôt, répond M. Follet, petit homme trapu, à son héritier.

— Ces messieurs et ces dames sont donc des amis de madame Germain, s'informe Renaud en lâchant sa seconde bouffée, mais sans bouger de sa place.

— Intimes, monsieur, aussi, venons-nous la surprendre agréablement, partager son dîner, en fournissant notre petit plat ainsi que cela se pratique à la campagne, répond M. Jolivet, l'orateur de la bande.

— C'est le moins qu'on puisse faire en tombant à l'improviste, cinq personnes sur le dos d'une mère de famille, reprend Renaud d'un ton sec.

— Aussi, ne voulons-nous être à charge de personne, dit M. Follet en déposant avec précaution le petit paquet dont il se trouve aussi chargé, sur le second banc du jardinet.

— La moitié d'une excellente tête de veau au naturel, que ma servente à fait cuire hier et que nous apportons, rien de plus parfait, de plus rafraîchissant que ce mets, à la vinaigrette; n'est ce pas Jolivet? dit la grosse Aspasie.

Parfait! et puis la sauce fait manger un pain!!

Et nous, un quarteron d'œufs frais, pro—

venant de nos poules, de plus, dénichés de la main de Bichette mon épouse, dit à son tour monsieur Follet en regardant sa femme qui voulant parler, ouvre un four énorme et reste court.

Ah ! mon Dieu, Lolo ! Lolo ! que venez vous de faire malheureux enfant ? s'écrie Aspasie en se précipitant sur le moutard qui vient de faire une omelette sans beurre en s'asseyant sur les œufs et qui, se sentant fautif et le derrière mouillé se met à brailler à s'en fendre la bouche jusqu'aux oreilles.

— Tiens ! v'là que vous v'là, fait Javotte arrivant du jardin et trouvant cet immense surcroît de société.

— Oui Javotte, nous venons passer la journée avec tes maîtres, dîner avec eux.

— Oh ! oh ! mais c'est que j'avons déjà ben du monde au jour d'aujourd'hui, répond la servante en branlant la tête.

— Tant mieux ! plus on est de ris plus...
C'est-à-dire plus on est de fous plus on rit.

— Jolivet, vous avez failli dire une bêtise, mon ami, observe en souriant avec malice, l'énorme Aspasie.

Et durant tout cela, Pierre Renaud, souriant aussi, mais de pitié, le coude appuyé sur la table, une jambe étendue sur le banc, continuait de fumer tranquillement sa pipe au grand déplaisir des deux dames, que l'odeur du tabac incommodait fort.

— Ah ! la voilà cette chère famille ! s'écrie Jolivet, apercevant au loin les maîtres de la maison et prenant sa course pour aller à leur rencontre.

— Tant mieux ! çà fait qu'on boira, car je me meurs de soif, fait entendre madame Follet.

Mais quels sont ces gens, qui sans façon et pour se procurer un plaisir, aux dépens de la bourse d'autrui, tombent en masse et à l'im-

venant de nos poules, de plus, dénichés de la main de Bichette mon épouse, dit à son tour monsieur Follet en regardant sa femme qui voulant parler, ouvre un four énorme et reste court.

Ah! mon Dieu, Lolo! Lolo! que venez vous de faire malheureux enfant? s'écrie Aspasie en se précipitant sur le moutard qui vient de faire une omelette sans beurre en s'asseyant sur les œufs et qui, se sentant fautif et le derrière mouillé se met à brailler à s'en fendre la bouche jusqu'aux oreilles.

— Tiens! v'là que vous v'là, fait Javotte arrivant du jardin et trouvant cet immense surcroît de société.

— Oui Javotte, nous venons passer la journée avec tes maîtres, dîner avec eux.

— Oh! oh! mais c'est que j'avons déjà ben du monde au jour d'aujourd'hui, répond la servante en branlant la tête.

— Tant mieux ! plus on est de ris plus...
C'est-à-dire plus on est de fous plus on rit.

— Jolivet, vous avez failli dire une bêtise, mon ami, observe en souriant avec malice, l'énorme Aspasie.

Et durant tout cela, Pierre Renaud, souriant aussi, mais de pitié, le coude appuyé sur la table, une jambe étendue sur le banc, continuait de fumer tranquillement sa pipe au grand déplaisir des deux dames, que l'odeur du tabac incommodait fort.

— Ah ! la voilà cette chère famille ! s'écrie Jolivet, apercevant au loin les maîtres de la maison et prenant sa course pour aller à leur rencontre.

— Tant mieux ! çà fait qu'on boira, car je me meurs de soif, fait entendre madame Follet.

Mais quels sont ces gens, qui sans façon et pour se procurer un plaisir, aux dépens de la bourse d'autrui, tombent en masse et à l'improviste sur le dos de la famille Germain? C'est d'abord monsieur Follet, employé à dix-huit cent francs au grand Mont-de-Piété et comme cette somme suffirait à peine pour l'entretien d'un ménage de trois personnes, madame son épouse fait au grand, l'habillage des poupées. Le couple ventru plus intéressé qu'intéressant, ne connaît madame Germain que pour s'être rencontré deux fois avec elle dans de petites soirées d'hiver, chez des amis communs, mais Follet a entendu la vieille dame, parler de sa modeste campagne.

— C'est tout près, on peut se rendre là sans frais de voiture et en fort peu de temps; plus, on ne peut se dispenser d'inviter à diner les gens qui vont vous voir à la campagne; or donc nous irons ce printemps à Romainville, s'était dit l'employé, et le printemps venu, le mari traînant la femme, la femme traînant le mioche, s'étaient empressés de prendre la route de Romainville où avec surprise, madame Germain vit arriver ces gens à qui, la politesse l'engagea d'offrir la moitié de son dîner, et qui, encouragés par un honnête acceuil, ne manquèrent pas d'en abuser en revenant sans cesse à la charge. Combien de gens en agissent ainsi! qu'en dites vous, habitans de la banlieue, vous si souvent contraints de déserter vos frais ombrages, de renoncer au plaisir que vous promet un dimanche champêtre, afin de vous soustraire à la foule importune de ces parasites voraces et affamés qui, charmés de trouver bonne table et bon gîte sans bourse délier, vous arrivent par douzaine, l'air riant, la flatterie sur les lèvres, la fausseté dans le cœur et qui ne convoitent que vos promenades et votre dîner?

Mais il reste encore à vous faire connaître

deux autres visiteurs, c'est-à-dire monsieur Jolivet, ami de Follet, de plus, mercier en demi-gros, célibataire par goût ou plutôt par égoïsme, et voisin de madame Germain, ensuite mademoiselle Aspasie Bichautière, la grosse courte, locataire dans la même maison que Jolivet, ci-devant marchande à la toilette et retirée du commerce avec mille écus de rente, plus, deux petis bâtards placés à la pitié, cela, dans un double but, celui de cacher ses faiblesses, puis, par système d'économie domestique.

Jolivet renoncerait volontiers au célibat en faveur des mille écus de rente de cette tendre mère, aussi, depuis quelques mois, s'est-il fait son calvacadour, la conduit-il à la promenade, aux Funambules, à l'orchestre des Folies-dramatiques, fait-il en sa faveur une foule de dépenses, en bierre, échaudés et pâte ferme. La grosse demoiselle est déjà à moitié vaincue et chaque jour, sent de plus en plus son cœur lui échapper en faveur du galant, séduisant, irrésistible mercier.

Tout en bavardant je ne m'aperçois pas que madame Germain au bras de monsieur Mitonet, Pauline appuyée sur Michel, viennent d'atteindre leur demeure.

Mais Coco, où donc est-il?

Resté en arrière avec la fameuse tête de veau, dont le poids joint à celui de la casserolle, le contraint à se reposer de cent pas en cent pas, plus par malice peut-être que par fatigue.

Madame Germain, saluée avec empressement par les visiteurs inattendus, ne peut retenir un mouvement d'humeur, d'impatience qui s'échappe à leur vue. Pauline la jolie Pauline elle-même a peine à cacher le dépit qui se peint sur son charmant visage.

Enfin! enfin! il faut souffrir ce qu'on ne peut empêcher.

— Chère amie, c'est une demi-tête de veau que nous apportons pour plat.

— Vous avez eu là une idée malheureuse monsieur, car nous en apportons une toute entière, et à la tortue fait entendre monsieur Mitonet en réponse à Jolivet.

— Ah ! c'est original, heureusement que la nôtre est à la vinaigrette. A propos aimable hôtesse, permettez-moi de vous présenter Mademoiselle Olympe Aspasie Bichautière, notre voisine et ma gracieuse future, j'ai pensé vous faire plaisir en l'amenant avec nous. Et madame Germain, Pauline, de rendre avec politesse à la grosse masse, le salut qu'elles en reçoivent en l'assurant qu'elle est la bien venue.

— Bichette, les avait dénichés de sa main ce qui centuplait leur mérite, ils étaient frais, pondus de la semaine, mais cet espiègle de Lolo, ne s'est-il pas avisé de s'asseoir dessus, aussi, belles dames voyez dans quel état le polisson a mis sa culotte neuve.

— C'est un léger malheur qu'il est facile de réparer à la campagne, monsieur, répond Pauline en souriant. Toutes ces choses viennent d'être dites dans le petit jardinet où la société s'est d'abord installée.

Une voix se fait entendre dans l'intérieur de la maison, Celle de Pierre Renaud, qui fatigué par la présence des importuns visiteurs a quitté la place qu'il occupait lors de leur arrivée pour s'en aller finir sa pipe au jardin où Madame Germain a été le trouver. Cette voix a vibré agréablement à l'oreille de Pauline, aussi, quitte-t-elle brusquement la société, en entraînant Michel, pour courir se jeter avec joie, dans les bras de Pierre Renaud.

— Bonjour ma petite Pauline, ma chérie, comment que ça va mon ange bien aimé, ma colombe? dit Renaud à la jeune fille en la pressant avec tendresse, en couvrant son front de baisers.

— Bien, oh! bien! et vous bon ami? comme il y a longtemps que vous n'êtes venu nous voir!

— Le commerce, mon enfant, c'est lui qui me retient loin de vous, c'est que, vois-tu, Pauline, les affaires d'abord. A çà et mon petit Coco, où est il donc?

— Il va venir bon ami.

— J'ai hâte de l'embrasser aussi. Ah! ah! bonjour monsieur Michel, je suis enchanté de vous voir parmi la famille, car vous êtes un brave et honnête garçon, plein d'amitié, de franchise! oh! vous n'êtes pas comme ces faux amis, ces pique-assiettes que d'ici j'entends rire et beugler à la porte.

— Bon ami, souffrons ces gens aujourd'hui encore et gardons nous de les humilier en leur faisant sentir leur importunité dit Pauline en pressant la main de Pierre Renaud.

Tu es un ange petite! aussi ai-je pensé à toi, tiens, prends ceci.

Qu'est-ce donc, mon ami, interroge la jolie fille en prenant une petite boîte des mains de Pierre.

— Ouvre, tu verras.

Pauline d'obéir et de rougir de joie en apercevant une riche paire de boucles d'oreilles.

Pierre, mon ami, ce bijou est trop beau pour une jeune fille observe madame Germain.

Rien de trop beau pour ma Pauline n'est-ce pas monsieur Michel? reprend Pierre Renaud en s'adressant au militaire qui sourit et approuve.

— J'espère Renaud que vous passerez

cette fois quelques jours parmi nous? je vais aller préparer votre chambre.

— Inutile brave femme, je vous quitte ce soir, pour me remettre en route d'emain.

— Quoi sitôt! s'écrient les deux femmes avec l'expression du regret.

— Encore une fois, les affaires avant tout, répète vivement Pierre Renaud.

— Cependant mon ami j'ai à vous parler...

— Rien ne nous empêchera de jaser ensemble, répond Pierre a l'observation que vient, à voix basse, de lui faire entendre madame Germain.

— Mon Dieu! comme ce monsieur Jolivet est farceur, venez donc le voir faire ses folies dans le bois, avec cette chère madame Follet, arrive, en courant ou plutôt en roulant et le visage écarlate, conter la grosse Aspasie.

— Vous avez là une jolie maison madame,

est-elle à vous ? ajoute Aspasie en jetant autour d'elle un coup d'œil d'huissier priseur.

— Venez, venez, mère Germain, nous avons à causer, dit Pierre Renaud en tournant le dos à la grosse demoiselle et entraînant la vieille dame.

— Cet homme-là me fait l'effet d'être un brutal.

— Non mademoiselle mais bien le meilleur des hommes, répond Pauline avec douceur à la remarque maladroite d'Aspasie.

— Possible! exclame cette dernière en reprenant sa course vers la maison pour aller rejoindre sa compagnie.

Pauline restée seule avec Michel, de lui proposer en sortant par une petite porte du jardin, d'aller au devant de Coco, dont le retard l'inquiète, craintive qu'elle est, que le gamin n'ait fait quelques sottises en route. Et Michel, ravi de la proposition, d'offrir son bras à la jolie fille, puis, de s'éloigner avec elle en évitant la rencontre des Follet et compagnie, occupés à follichoner sur l'herbe du bois.

Pierre Renaud, ainsi que dame Germain, en quittant le jardin, étaient allés s'enfermer dans une des chambre du premier étage; où assis l'un près de l'autre, ils s'entretenaient ainsi, à voix basse.

— Renaud, je vous le répète, ces deux enfans me tourmentent de plus en plus, afin d'apprendre ce qu'étaient leurs parens, leurs noms, ce qu'ils sont devenus, hélas! je conçois leur désir, leur impatience, ne m'accorderez vous jamais la permission de les satisfaire?

— Non, pas encore mère Germain, de s'écrier Pierre Renaud, d'un accent mêlé de douleur et de regret.

— Mon Dieu! mais pourquoi donc cette obstination à leur cacher que vous êtes leur père, que leur mère, votre épouse, mourut en donnant le jour à votre Octave?

— Pauvre Claudine! oui, elle est morte, le ciel l'a voulu ainsi, sans doute, pour lui éviter plus de chagrins, de douleurs qu'elle n'en eût pu supporter en vivant davantage, répond Pierre Renaud, avec tristesse, en poussant un pénible soupir.

— Ainsi vous voulez continuer encore à vous entourer de mystère, à rester étranger à vos enfans dont vous faites de pauvres orphelins?

Pierre! continue la vieille dame en soupirant et fixant sur Renaud un regard où se peignaien le regret et la surprise, je ne vous comprends pas! pour Dieu! qui êtes vous donc, quoi peut vous forcer de renier vos enfans? quel est votre véritable nom, votre état, votre position dans le monde, vous, Pierre, que je ne connais pas encore, quoique depuis quinze ans que je sers de mère à votre Pauline, à Octave, vous soyez notre ami commun, notre seul soutien?

— Que vous importe, dame Germain, le secret de ma vie? qu'il vous suffise de voir en moi votre meilleur ami, l'homme qui n'oubliera jamais de près ou de loin, de pourvoir à vos besoins, à ceux de ses enfans; un homme enfin! qui ne manqua jamais aux promesses qu'il fit, depuis le soir où il vint frapper à votre porte en vous suppliant de recevoir les deux enfans qu'il amenait, de vouloir en prendre soin, de les adopter, de leurs servir de mère, avec promesse de vous apporter chaque mois, la somme nécessaire à l'entretien de votre nouvelle famille.

— Oh! vous avez toujours tenu parole, Rénaud, vous avez même fait plus que vous n'aviez promis; et moi aussi, n'est-ce pas, j'ai bien rempli mon devoir? car j'ai élevé votre

Pauline, dans les pratiques de la vertu, j'en ai fait enfin, une demoiselle accomplie, sage et bonne.

— Aussi, je vous bénis, dame Germain et prie le ciel de vous rendre tout le bien que vous faites à mes enfans, mes chers enfans ! Et disant ainsi, Pierre Renaud essuyait les larmes qui coulaient de sa paupière.

— Hélas! il y a ce drôle de Coco, qui souvent me fait enrager, dont je ne puis disposer à mon gré.

— Au nom du ciel! dame Germain, maintenez-moi ce gaillard là, car chaque plainte que vous portez sur lui, me fait trembler. O Dieu! si ce malheureux enfant, entraîné par la pétulance de son caractèr allait devenir ainsi que… allait devenir un mauvais sujet ! fait Renaud avec inquiétude et en adressant un regard suppliant à la vieille dame.

— Lui, mon Coco, mauvais sujet ! oh! il

n'y a pas le moindre danger, c'est un diable il est vrai, mais le cœur est excellent., plein d'honneur, répond madame Germain avec feu.

— Allons tant mieux, tant mieux! soupire Renaud en souriant, puis reprenant; tenez, dame Germain, voilà un portefeuille qui j'espère, vous permettra d'attendre ma première visite, car je crains cette fois que mon absence ne soit plus longue que je ne le désire.

— Bonne vierge! des billets de banque, s'écrie la vieille, après avoir jeté un regard dans le portefeuille, que Renaud vient de lui remettre entre les mains,

— Dix mille francs, ma bonne.

— Bon Dieu! Renaud comptez-vous donc rester un siècle loin de nous pour faire une telle avance?

— Non pas; à moins que je ne m'avise de mourir en route, car mon métier de marchand forain en me contraignant de marcher la nuit comme le jour, n'est pas sans m'exposer à de fréquens dangers.

— Votre métier de marchand forain, hum! je n'y apporte pas grande foi, Pierre; enfin, n'importe! gardez vos secrets, puisque vous ne jugez pas la vieille Germain, digne de votre confiance entière; je vous sais un honnête homme, bon père, quoi qu'un peu bizarre et cela me suffit.

— Dame Germain, serrez bien cette somme, n'allez pas vous laisser voler ce portefeuille.

— Oh! je n'ai garde! répond la vieille en branlant la tête.

Maintenant laissons ces deux personnages continuer leur entretien, pour écouter un instant celui de Michel et de Pauline. Tous deux s'avançaient bras-dessus bras-dessous sur la grande route, allant à la rencontre de Coco.

Michel, tout en marchant, s'était emparé de la main de Pauline et la pressait doucement dans la sienne et cela sans que la jeune fille eût encouragé en rien cette marque de tendresse.

— Ah! pourquoi le pauvre soldat, l'enfant du régiment, n'a-t-il une fortune? Qu'il lui serait doux alors de la déposer à vos pieds en échange de votre douce possession! murmurait tendrement Michel.

— Michel, vous êtes un honnête homme, et cela seul suffirait pour que je vous donnasse mon cœur et ma main, mais je vous le répète mon ami, je ne veux pas me marier.

— Quoi, prétendre rester fille éternellement, y pensez vous Pauline, mais vous ne sentez donc pas l'utilité d'un mari, d'un protecteur?

— Pas encore Michel.

— Mais, votre mère adoptive est sur le

déclin de l'âge, si vous alliez la perdre que deviendriez-vous faible fille ?

— Hélas, que Dieu me la conserve! soupire Pauline en levant ses yeux au ciel.

— Pauline, Pauline! vous êtes bien cruelle de ravir tout espoir à celui qui vous aime plus que lui-même, à celui qui mettrait sa gloire tout son bonheur, à vous posséder pour épouse.

— Vous m'aimez Michel? et moi aussi je vous aime, mais d'une amitié bien sincère, quant à de l'amour, oh! n'en parlons plus, mon ami, car je ne puis vous en promettre sans vous tromper indignement, ce dont je suis incapable, répond la jeune fille avec franchise et timidité.

—Pauline, votre cœur se serait-il déjà donné, ou la condition du simple soldat répugnerait-elle à votre ambition ?

—Michel, le nom du soldat que ma famille

et moi, avons accepté pour ami, serait celui que je m'honorerais de porter s'il m'était possible de l'accepter.

— Hélas! qui donc s'oppose à ce que vous me rendiez le plus heureux des hommes? fait Michel avec feu.

— Ne m'interrogez pas mon ami, je ne ne pourrai vous répondre.

— Pauline! votre indifférence, le refus que vous faites de mon amour, me condamnent à une douleur éternelle!

— Michel! cessez d'affliger mon cœur par de telles paroles, elles augmentent le regret de ne pouvoir faire votre bonheur.

— Mais encore, quel obstacle!.., s'écrie Michel avec impatience.

— Silence! mon ami, n'essayez pas d'arracher de son cœur le pénible secret de la pauvre fille. Un jour, Michel, je m'ouvrirai à vous peut-être, oui, lorsque j'aurai acquis la persuasion d'être la plus malheureuse des femmes, mais alors, mon ami, mon meilleur ami, ce sera pour réclamer de vous, secours et protection! dit la jeune fille d'un accent qui tenait presque du désespoir.

— Vous m'effrayez, Pauline! Quelques dangers vous menaceraient-ils? seriez-vous malheureuse sans que Michel le sût? Ah! parlez, parlez! malheur à celui qui tenterait de troubler le repos de la femme que mon cœur a choisi! répond le garde municipal en fixant avec inquiétude ses yeux sur ceux de Pauline, dans lesquels il aperçoit de grosses larmes.

— Non, pas encore, Michel, car jusqu'alors, j'ai peut-être tort de m'allarmer, de prendre pour de la réalité une crainte vague, un soupçon injurieux, sans doute!

— Pauline, je ne vous comprends pas.

— Tant mieux, tant mieux alors, si l'excès

de ma douleur ne m'a point trahi, fait Pauline vivement.

Et les deux jeunes gens, de cesser un instant leur entretien, de continuer le chemin, plongés chacun dans un profonde rêverie.

Quant à nous, devançons ces derniers, et sachons ce qui cause le retard de Coco, et cela, en nous reportant à la descente du fiacre, qui, grâce à la galanterie de Michel, avait monté la famille dans le haut de Belleville, à l'entrée des prés Saint-Gervais.

— Coco, reprenez la casserole, et surtout tenez-la droite, avait dit au jeune homme madame Germain, en lui mettant le susdit objet entre les mains.

— Excusez! en v'là de l'embêtage! Merci de l'idée qui vous a poussé là, monsieur Mitonet, je voudrais que votre tête de veau fût avec sa casserolle dans le fond du canal Saint-Martin. Voyez donc, comme c'est commode à porter, en grande tenue et un dimanche surtout!

— Monsieur, ne raisonnez pas, et marchez devant nous, lorsque vous serez fatigué, votre sœur et moi vous prendrons ce paquet.

— Je ne le souffrirais pas; ne suis-je pas là pour remplir ce petit service, avait répondu le galant Michel.

— Allons donc, un militaire porter un semblable objet! mais on se moquerait de vous, mon cher, fit entendre M. Mitonet en ricanant au nez de Coco.

— Vieillard stupide, va! maronna Coco entre ses dents, en se plaçant derrière M. Mitonet à qui, en marchant, il envoyait avec ses pieds, autant de poussière possible dans les jambes.

— Aye donc! çà m'échigne, dit Coco horriblement vexé, en s'arrêtant tout court et posant la casserolle sur un banc où il s'asseoit, fort peu soucieux de voir s'éloigner sa société. Un quart-d'heure de halte, puis le gamin de reprendre son fardeau, de continuer son chemin.

— Oh! qu'est cela, là-bas? Une baraque en toile, celle d'un physicien, fameux! j'adore la physique moi. Et cela dit, Coco se dirige vers la baraque, assiste à la parade qu'on exécute à la porte, entend vanter les bienfaits de l'électricité qui, selon le paradiste, s'applique à tous les maux et hâte leur guérison en donnant au sang une vie, une activité nouvelle.

— Donnez-vous donc la peine d'entrer, messieurs et dames, venez admirer ci-dedans les effets incroyables du fluide électrique, un grand nombre de tours merveilleux, d'expériences curieuses et instructives, plus : recevoir la commotion du fluide par le moyen d'une chaîne métallique qui fera le tour de l'aimable société. Et combien en coûte-t-il pour assister à cette brillante représentation que va donner à l'instant même l'illustre Blaguomane, physicien célèbre, arrivant de plusieurs cours étrangères dont son talent a fait l'admiration. Combien en coûte-t-il, vous demandez-vous pleins d'impatience? Rien! messieurs et mesdames, rien! que la bagatelle de trois sous après avoir vu. Entrez! entrez, ça va commencer.

Puis la grosse caisse sur laquelle frappe à tour de bras le paillasse, puis la clarinette de rigueur, jouée par une vieille femme vêtue en sauvage.

Séduit par l'annonce, enivré par le bruit infernal de l'orchestre, Coco de se précipiter un des premiers sous la barraque et de prendre place au premier rang, en ayant soin de placer la casserolle sur ses genoux, et de laquelle il se fait un acotoire pour les coudes. La représentation commence.

— Fameux! s'écriait Coco à chaque expérience de physique, les trouvant toutes merveilleuses et fort de son goût.

— Maintenant, messieurs et mesdames, nous allons, pour la clôture de cette superbe séance, faire circuler cette chaîne que chacun de vous saisira avec la main afin de recevoir la commotion électrique et bienfaisante, fait entendre le physicien.

— Çà fait-il du mal? s'informe Coco à son voisin, en hésitant à prendre la chaîne.

— Eh! non, au contraire.

— Allons, je me risque!

Et le gamin d'empoigner des deux mains le cordon métallique.

— Ah! d'exclamer chaque spectateur en recevant la commotion.

— Ah! dit de même Coco en faisant un

saut sur le banc, ce qui envoie la casserolle à dix pas de lui, ce qui est cause que, son couvercle venant à s'ouvrir, la tête de veau, sauce, écrevisses et champignons, vont se répandre sur la poussière. Alors un rire bruyant s'élève parmi la société à la vue de l'accident, Coco, colère et honteux, s'élance sur la malencontreuse tête dont vient de s'emparer un gros chien à qui il l'a dispute. Deux secondes d'un combat à outrance, et l'animal vainqueur, fuit avec son butin, après avoir, en sus, emporté d'un coup de croc, une des manches de l'habit de fête de l'infortuné Coco, qui, furieux, hué et honteux, s'échappe de la tente, emportant dans sa fuite la fatale casserole vide et terreuse.

— En v'là de l'ouvrage! ah! bigre! ah! fichtre! que va dire maman Germain? murmurait le gamin, plus rouge qu'une cerise, et tout en nage, en filant d'un pas rapide vers le lieu de sa destination, où il arrive sans avoir rencontré Michel et Pauline, ayant pris les sentiers détournés afin d'éviter le plus possible la rencontre des promeneurs.

— Enfin te voila! et dans quel état mon Dieu! D'où viens-tu polisson? et qu'as-tu fait pour te mettre dans un tel état? Dit madame Germain en contemplant d'un air piteux, le dégât survenu dans la toilette du jeune homme qui, avant de répondre, apercevant Pierre Renaud à quelque distance, court se jeter dans ses bras et en recevoir bon nombre de caresses.

— Mais répondras-tu, petit drôle? reprend la vieille dame, après avoir rejoint Coco suivi de monsieur Mitonet, que la vue de la casserole vide a fait pâlir de douleur et de regret.

Alors, Coco, de raconter avec franchise, l'accident et par son récit d'exciter l'hilarité de la société, groupée autour de lui, hors celle de M. Mitonet dont la mine vient de s'allonger d'une aune.

— Allons, allons tout cela n'est que fadaise. Tiens petit, voila de quoi se procurer un autre plat ; et voila de quoi faire remettre une manche à ton habit dit Pierre Renaud en riant et plaçant deux Napoléon d'or dans la main de Coco.

— Certainement que le mal n'est pas grand en ce qu'ayant moi-même apporté le même mets il y aurait eu double emploi, fait entendre Jolivet en se frottant les mains d'aise...

— Hélas! monsieur ne vous réjouissez pas si vîte, car Mitone la chatte du garde-champêtre, qui rôde sans cesse dans notre cuisine vient itou d'emporter la moitié de vôtre tête de viau, que j'avions placé sur le buffet, dit Javotte d'un air piteux.

— Décidément il y a conspiration contre

notre dîner, et je suis maintenant, fort embarassée messieurs et dames, pour vous offrir un repas convenable, cette maison étant éloigné de tous marchands.

— Parbleu ! pourquoi vous inquiéter dame Germain ? il ne manque pas de restaurateurs dans le bois, et moyennant chacun son écot, on peut encore dîner copieusement, répond Renaud à l'observation de madame Germain, et cela, au grand effroi des Mitonet, Jolivet, Follet et compagnie, qui à cette proposition font une horrible grimace.

— De la cuisine de traiteur, fi donc ! fait madame Follet.

— Jolivet dans quelle baraque m'avez-vous donc amené, mon cher ? murmure Aspasie à l'oreille de son adorateur.

— Non messieurs, non mesdames, vous n'irez pas dîner ailleurs que chez moi où nous jouirons d'une plus ample liberté, car le traiteur apportera ici ce qu'il nous est nécessaire. Venez avec moi Renaud, vous m'aiderez à choisir et à faire le mieux.

Cela dit, la vieille femme s'éloigna avec Pierre en se dirigeant vers la maison du restaurant le plus près.

— Enfin je finis par croire que nous ne sortirons pas à jeun de cette bicoque, fait etendre Jolivet.

— Dieu merci, c'est payer double un dîner, que de l'attendre aussi long-temps, dit de nouveau la grosse Aspasie d'un ton d'humeur.

— Silence, parlez plus bas, mangeons d'abord, puis, moquons nous après, répond à voix basse le prudent Follet.

— A cà, qu'est-ce que c'est que ce Pierre Renaud, cet espèce de goujat, qui semble ici commander en maître? s'informe madame Follet.

— Çà ? un ancien amoureux de la vieille, c'est sûr, répond Jolivet.

— Je ne peux pas sentir cet homme-là.

— Ni moi

— Ni moi.

— En attendant notre éternel dîner est-ce que nous ne recommençons pas nos gambades sur l'herbette?

— Volontiers, mais à la condition, Jolivet, que vous joûrez plus décemment que vous ne le fîtes tout-à-l'heure avec moi, observe d'un ton mignard, la pudibonde Aspasie.

— Divine amie, pardonnez à l'amour, les larcins de l'amour même.

— Joli, très joli!

Et la troupe folâtre prend sa volée vers le bois, dans les fourrés du quel, vont s'égarer Jolivet et la grosse demoiselle.

— Bichette, est-ce que tu ne serais pas tentée que nous fissions comme eux? dit à sa femme, M. Follet qui, d'un œil luxurieux, observe la fuite du couple amoureux.

— Allons donc Benjamin, y pensez-vous? un tel enfantillage après vingt-deux ans de ménage, répond la dame en s'efforçant de rougir.

Et M. Follet en passant son bras autour de la taille de sa pudique moitié, de chantonner d'une voix chevrottante:

    Qu'on est heureux,

    Qu'on est joyeux

    Au bois de Romainville,

    Ce bois charmant,

    Pour les amans,

    Offre mille agrémens.

La dame séduite par ce chant hésitait encore, mais faiblement, puis à moitié vaincue, se laissait entraîner par l'époux séducteur, lorsque des cris affreux, poussés par Lolo, son fils unique, rappelèrent sa raison, et la firent s'échapper des bras de son tentateur, pour courir au secours de sa progéniture, qu'en regagnant la route, elle découvrit la tête enfoncée dans un buisson d'épines et accroché par le fond de sa culotte à la branche d'un arbre, où à l'instar de Coco et pour dénicher des merles, Lolo avait essayé de grimper. Alors, le couple s'empresse de débarasser le marmot, puis l'emporte hurlant et saignant, vers la maison, où Pauline de retour s'empressa de s'adjoindre à madame Follet, dans les soins à donner à Lolo, dont les ronces avaient fort peu ménagé le visage enfantin.

A table ! à table ! s'écriait madame Germain, une heure après ce dernier accident, en parcourant la maison, le jardin et cherchant à rassembler ses convives épars.

Présent ! s'écrient monsieur Follet et sa moitié, en courant prendre place au couvert.

— Présent, fait de même Michel et Renaud.

— Présent, crie Coco tombant d'un bond au milieu de la salle à manger, tenant son nid de merles dans les deux mains et une jambe de son pantalon des dimanches déchirée du haut en bas, accident causé par la branche malancontreuse et voisine de celle dépositaire du nid.

— Mais où sont donc monsieur Jolivet et mademoiselle Aspasie?

— Ils sont à se promener dans le bois, sans doute? Coco allez donc les appeler.

— Le plus souvent! j'ai trop faim pour cela, répond Coco en hochant la tête.

C'est donc Michel, qui, au refus du gamin, quitte la table et se dirige vers le bois, où il cherche et appelle le couple égaré.

Un bruit de voix se fait entendre à quelques pas et dans un épais fourré, Michel, qui croit reconnaître la voix de Jolivet s'avance de ce côté et découvre bientôt les personnages qu'il cherche, le visage cramoisi, l'air confus et aux prises avec le garde-charpêtre, qui tient au collet Jolivet et cherche à l'entraîner tandis que la demoiselle Aspasie, tire d'un autre côté et de toute sa force, son adorateur, par le pan de son habit lequel venant, a céder, accompagne la grosse fille dans la chute qu'elle va faire sur le gazon.

Mais pourquoi cette altercation? pourquoi cette violence de la part du garde? enfin, qu'est-il donc arrivé?

Que le garde champêtre vient à l'instant de surprendre le couple amoureux dans une position tout à fait en opposition avec les mœurs et la pudeur, une position enfin! qui est cause qu'au bois de Romainville on y va deux, on en revient souvent trois. Or, d'après la consigne, retenez bien ceci, tendres amans, gentilles grisettes qui aimez la solitudes des verts bocages, tout couple surpris en pareille position, doit être conduit par devant monsieur le maire du canton, lequel s'empresse, sur la déposition du garde champêtre, de dressser procès verbal du délit, et cela, malgré les protestations de l'amant, l'assurance qu'il dormait paisiblement près de mademoiselle son épouse, sans penser à mal, sans tenir compte des larmes, que verse en sa présence la jeune pécheresse, qu'il regarde en dessous et avec laquelle le sensible maire, ne serait peut être fâché d'être pris de même en contravention mais qui, contraint par son devoir d'officier municipal, envoie sous escorte les délinquants coucher en prison, séparément bien entendu, vu que l'autorité ne connaît que les mœurs.

— Voyons camarade n'y aurait il pas moyen d'arranger cette affaire, car enfin, il ne s'agit ici que d'une babiole, dont vous moi et tant d'autre ont souvent provoqué et saisi l'occasion, dit Michel, au garde, devinant tout de suite ce dont il s'agit.

— Imposible! c'est ma consigne. Allons, allons! chez monsieur le maire, suivez-moi.

— C'est une horreur, une infamie, cet homme est un monstre, un imposteur, car Jolivet n'était occcupé qu'a me conter une histoire, voilà tout monsieur Michel, [s'écrie la grosse Aspasie, en se relevant de sa chute, les yeux en larmes et les essuyant avec le pan de l'habit de Jolivet, qu'elle n'a pas lâché, et que dans son trouble elle prend pour son mouchoir.

— Suffit, suffit! mais c'est en contant de cette façon, qu'il se fait que le monde ne finit pas, ma petite mère. Allons, en avant e^t

dépêchons, reprend le garde, recommençant à tirer Jolivet à lui.

— De grâce M. Michel, vous, un brave militaire, faites donc entendre raison à ce brutal, dit Jolivet indignement secoué et perdant la respiration.

Oui, esseyez monsieur Michel, empêchez que cet homme ne ternisse mon honneur par ses dépositions calomnieuses.

— En avant la grosse, et plus vîte que celà, ou je sifle les confrères pour qu'ils viennent à mon aide.

— Ces personnes sont honnêtes, camarade, je puis vous l'assurer, foi de militaire! vous ne consentirez donc pas à les compromettre, pour une peccadille qui ne fait de mal à personne. Allons, soyez brave, généreux, et que le don de quelques pièces de cinq francs, dont le coupable va vous gratifier, vous procure le plaisir ce soir, service cessant de boire un coup à notre santé, reprend Michel, en frappant cordialement sur l'épaule du gardien de la morale publique et des cotterets du bois de Romainville.

— Oui, brave homme, certainement que si une pièce de cent sous peut...

— Cent sous, en prison! reprend le garde.

— Quatre! propose Michel, à la grande surprise du mercier.

— Soit! mais pour vous obliger seulement camarade, répond le garde, en lâchant Jolivet et tendant la main.

— Votre pitié coûte cher, brave homme, dit ce dernier en fouillant à sa poche.

— Dam! libre à vous de garder votre quibus, si mieux vons aimez la prison, le procès et l'amende.

— Mais, payez donc vite Jolivet! s'écrie pleine d'impatience la grosse Aspasie en trépignant des pieds.

Alors Jolivet de s'exécuter non sans regret et d'être libre enfin.

— Arrivez donc! c'est une horreur de se faire attendre ainsi, s'écrient du plus loin qu'ils apperçoivent nos retardaires, les convives affamés.

— Tiens qu'est-ce que vous avez donc fait du pan de votre habit bleu barbeau, monsieur Jolivet? demande Coco avec malice.

— Oh ciel! en courant je l'aurais laissé après quelque branche d'arbre, répond le mercier, à qui le gamin vient de faire apercevoir l'accident, duquel dans son trouble il n'avait pas encore pris connaissance, accident des plus désagréable, qui allait le priver du plaisir qu'il se promettait pour la soirée, celui de danser au bal champêtre du rendez-vous de chasse.

— Allons, à table, par grâce! tout se refroidit.

— Le diable emporte les sottes gens, pour nous faire ainsi dîner à sept heures du soir, murmure Renaud en se remettant une seconde fois à table entre Michel et Pauline.

L'appétit est effrayant, chacun dévore; puis le premier besoin satisfait, revient la gaîté, s'entame de nouveau la conversation à laquelle, Renaud qui se contente de manger, boire et écouter, ne prend aucune part.

— Oui, je sais que vous faites la banque, monsieur Mitonet, à des prix forts avantageux même; en ce cas, vous feriez bien de me trouver le placement d'une trentaine de mille francs, qui embarrassent mon secrétaire, argent qui dort depuis quelques temps et ne me rapporte nul intérêt, disait mademoiselle Aspasie, à son voisin de gauche dans un petit aparte, mais assez haut cependant, pour que chacun l'entendît.

— Merci, merci! de la commission mademoiselle, je n'aime pas à me charger des affaires d'autrui, répond M. Mitonet avec humeur, puis rompant brusquement avec la demoiselle, et s'adressant à Pierre Renaud. Peut-on savoir mon brave quelle sorte de marchandise vous commercez?

— Toutes! l'orfeverie, la bijouterie et la soirie, etc., etc.

— Hum! pour un marchand forain, voilà un commerce fort étendu et qui doit employer de forts capitaux? reprend Mitonet.

— Mais oui, quelques uns, dit Pierre Renaud avec insouciance.

— Fort bien! mais votre dépôt, votre comptoir sont situés?...

— Mes dépôts, dans toute les villes, mon comptoir dans la voiture qui me transporte d'un pays à l'autre, répond encore Pierre Renaud, mais avec une impatience mal déguisée.

—En sorte que monsieur, demeure partout et nulle part, fait avec un sourire malin mademoiselle Aspasie.

— C'est le meilleur moyen pour éviter la visite des importuns et des pique-assiettes, répond avec brusquerie le marchand forain.

— Cet homme est d'une grossièrté sans pareille, murmure en grimaçant, la grosse fille s'adressant à Jolivet placé à sa droite.

— Maman, je veux de çà, de çà! fait à son tour entendre Lolo, en enfonçant son doigt dans un plat de macaroni qui n'a point encore été entamé.

— Soyez sage monsieur, et pas gourmand, sans cela vous vous donnerez comme d'habitude une indigestion, répond madame Follet.

— Oh! que cela sent mauvais! s'écrie Coco placé à côté de Lolo, en se bouchant le nez et quittant précipitamment sa place.

Puis Lolo, qui a tant mangé qu'il crève dans sa peau se met à brailler de toute sa force.

— En effet on sent une odeur infecte observe M. Mitonet.

— Je suis sûr que le polisson aura comme de coutume, fait caca dans sa culotte neuve, s'écrie madame Follet.

— Bichette, il faut y voir, dit l'époux de cette dernière sans s'émouvoir le moins du monde.

Et madame Follet, furieuse de quitter la table, prend le bambin et l'emmène hors de la salle en le soufflettant.

Une heure plus tard, après avoir pris le café sous la treille du jardin; bien convaincu qu'il n'y avait plus rien à manger n'y à boire, les Follet, Jolivet et Aspasie, prenaient du ton le plus gracieux, congé de la société, en remerciant la maîtresse de la maison de son aimable accueil, en lui promettant de revenir la voir souvent, très souvent, dans sa charmante solitude.

—Que le diable vous emporte et vous conserve, dit Pierre Renaud en voyant s'éloigner les deux couples à sa grande satisfaction.

—Les ennyeuses gens! de murmurer M. Mitonet.

— Oh ! ces balles, adieu mesdames ! fait aussi Coco, d'un accent traînard en saluant au loin les convives par un geste grotesque.

Dix heures, alors Mitonet, Pierre Renaud et Michel de retour d'une promenade en famille, au bal situé dans le bois et non loin de la maison, se disposent à prendre congé de madame Germain et de ses enfans qui, pour quelques jours se fixent à la campagne.

— Adieu Pauline, adieu Coco, à bientôt peut-être, dit alors Pierre Renaud en pressant les jeunes gens dans ses bras, en les embrassant avec tendresse. Coco je t'en prie, sois bien sage, ne fait pas trop enrager cette bonne Germain; et toi ma Pauline, je n'ai rien à te recommander, seulement, de penser souvent à moi, votre meilleur ami, car tu es la sagesse en personne, ma chérie. Allons adieu encore une fois, à bientôt, à bientôt !

— Adieu Pauline !

— Au revoir monsieur Michel, souvenez-vous qu'il n'y a pas loin de Paris à Romainville, fait observer la jeune fille.

Encore quelques paroles puis la séparation.

Restée seule avec madame Germain et son frère, Pauline les engage à aller se reposer, se chargeant d'aider Javotte à remettre tout en place, et la vieille dame qui se sent fatiguée, accepte la proposition en recommandant a Pauline, d'avoir soin de bien fermer toutes les portes, puis après avoir éveillé Coco, déjà endormi sur une chaise, et embrassé la jeune fille, madame Germain monte à sa chambre et Coco à la sienne où bientôt le sommeil, vient appesantir leurs paupières.

Peu de temps encore et Pauline après avoir envoyé choucher la jeune servante, restée seule dans la salle du rez-de-chaussée, se jette sur un siége, où triste et pensive, elle demeure long-temps immobile, la tête appuyée dans les deux mains. Un soupir profond, pénible, s'échappe de son sein, des larmes même, inondent sa paupière.

Un léger coup, frappé avec le doigt se fait entendre à l'intérieur sur l'un des contrevents.

— C'est lui! s'écrie Pauline en se levant précipitamment et courant ouvrir la fenêtre sans bruit. Alors, un beau et élégant jeune homme de vingt-quatre ans au plus, escalade aussitôt la croisée, saute dans la chambre et prenant Pauline dans ses bras, la presse avec tendresse, dépose sur ses lèvres un doux baiser que la jeune fille reçoit et rend avec usure.

— Non Édouard, non, je ne devrais pas être bonne, je devrais vous gronder pour être resté si long temps loin de moi.

— Pardonne ma Pauline et n'accuse de cette absence de huit grands jours, que madame Sélicourt ma tante, a qui il a passé par la tête, la fantaisie de m'enmener tout ce temps en sa terre de Brie et de m'y retenir malgré moi.

— Cependant mon ami, votre Pauline a bien besoin de votre présence, de vos consolations, surtout en ce moment.

— Eh! bien me voilà près de toi, de toi, que j'aime plus que tout au monde. Parle

Pauline, je t'admire, je t'écoute, viens, asseyons-nous sur ce même siége, fixe tes beaux yeux sur les miens, laisse ma bouche parcourir ton gracieux visage !

— Édouard, j'ai besoin que tu me rassure encore sur ma coupable conduite sur mes torts d'avoir trompé ma vieille, confiante et bonne mère, que tu me répète, qu'en cédant à ton amour, en me donnant à toi, je ne me suis pas perdue sans ressource, enfin, que je n'ai point donné mou cœur, sacrifié l'honneur et la vertu à un homme trompeur et perfide.

— Non Pauline, non, en te donnant à moi, en cédant à l'amour que tu m'inspirais tu n'as fait que t'attacher pour la vie, un amant aussi tendre que dévoué.

— Un époux, dis aussi, Édouard, car sans la promesse répétée cent fois, que je serais ta femme, je n'aurais jamais consenti à écouter ton doux langage, à te recevoir en cette maison en l'absence de ma mère adoptive, à te sacrifier mes devoirs.

— Chère Pauline, oui, tu seras ma femme, mais attends, attends au moins, que j'aie vaincu les scrupules de ma tante, obtenu son conentement.

— Hélas! si elle n'allait jamais consentir? dit Pauline avec inquiétude.

Oh! elle consentira, sois sans crainte.

— Édouard, qu'elle se hâte donc, au nom du ciel, car j'ai peur, bien peur!

— Peur! et pourquoi, enfant?...

— Mon Dieu, d'être mère, Édouard.

— Tu penses?... exclame le jeune homme avec surprise et embarras en portant un regard rapide sur la taille de Pauline.

— Oui, car depuis plusieurs mois, j'éprouve un malaise, une gêne... Ah! je suis bien malheureuse!! Cela disant, la jeune fille, rouge et les yeux pleins de larmes cachait son visage dans le sein de son amant.

— Pauline, tu t'abuses peut-être!...

— Oh! non, non, dans mon sein existe maintenant le fruit de notre amour et de ma faiblesse, un enfant enfin! dont la présence couvrira sa pauvre mère de honte si jamais, Édouard, tu trahissais le serment que tu fis, d'être mon époux!

— Sèche tes pleurs, ma Pauline, et par des chagrins inutiles, n'empoisonnons pas le peu d'instans que je pense te consacrer ce soir.

— Quoi, mon ami, voudrais-tu t'éloigner bientôt.

— Dans deux heures au plus.

— Seul, à pied et aussi tard? s'informe la jeune fille avec douleur.

— Ma voiture, mon domestique m'attendent à deux pas d'ici.

— Hélas! mais reviendras-tu bientôt! apprends ami, que ma mère a décidé que nous resterions à la campagne quinze jours entiers.

— Si je reviendrai! oserais-tu en douter.

— Oh! non, Édouard tu reviendras, n'est-ce pas, m'apprendre tes succès près de ta tante, concernant la demande de son consentement à notre union?

Oui, Pauline, et si une circonstance imprévue me forçait de rester plus de deux jours sans revenir, j'aurai soin alors, d'envoyer mon valet, selon l'usage, déposer dans le creux du vieil orme, une lettre qui t'instruirait de la cause de mon absence, de l'instant de ma venue.

— Garde-toi d'y manquer surtout et fais en sorte mon Édouard, que cette lettre m'annoncé l'époque prochaine de la visite que tu dois faire à ma mère, afin de l'instruire de notre amour et lui demander ma main, ma main ! qu'elle sera si heureuse de t'accorder en sachant que nous nous aimons. Oh ! quelle sera surprise alors, et moi, que je serai honteuse en cet instant, quand elle apprendra que sa fille chérie, celle dans qui, elle plaçait une confiance sans bornes, dont elle vantait si haut, avec tant de fierté, l'innocence et la vertu, est depuis six mois et en secret, l'amie du beau et riche jeune homme, que le hazard leur fit rencontrer un jour dans ce bois et qui prit si courageusement, leur défense contre des hommes ivres et grossiers qui osaient les insulter...

— Oui, le même qu'elle congédia durement de sa maison, après lui en avoir accordé l'entrée, interrompt le jeune homme avec fierté.

— Ajoutez monsieur, parcequ'elle vous surprit après huit jours au plus, de connaissance, en train de me parler d'amour, Alors elle craignit pour le repos de sa fille, que le riche galant ne devînt jamais son mari. Hélas! que n'ai-je été ainsi qu'elle, sourde à vos prières, à votre beau langage, pourquoi n'ai-je pas eu la force, la prudence, d'éviter vos fréquentes rencontres lorsque vous vîntes ensuite rôder autour de notre demeure!

— Pauline te repentirais-tu d'avoir fait un heureux? dit Édouard avec passion en pressant fortement la jolie fille sur son cœur en caressant de ses lèvres les blanches mains qu'elle promenait sur son visage.

— Moi, s'en repentir, Oh! non, car je suis fière, heureuse d'être aimée de toi.

Un long instant encore de ce doux entretien, de caresses sans nombre, et l'amant, prenant congé de la jeune fille qu'il laisse en larmes, s'éloigne par le même chemin qui l'a introduit dans la maison, puis, d'un pas rapide, suivi du regard de Pauline, il se perd au loin dans l'obscurité, et atteint un élégant cabriolet dans lequel il s'élance.

II

LE VIEIL ORME.

— Mon Dieu ! il ne m'écrira donc jamais, il ne reviendra donc plus ? soupirait tout bas Pauline, en revenant du bois et de fouiller dans le creux du vieil orme où sa main n'avait, cette fois encore, rien rencontré. Héas! lorsqu'il reste ainsi absent, muet à mon égard, combien ne dois-je point trembler qu'il ne soit ingrat, qu'il n'ait oublié celle qui l'aime plus que la vie, la mère de son enfant enfin! En pensant ainsi, la jeune fille franchissait le seuil de sa demeure, tournait le bouton de la porte de la salle basse où, à son grand étonnement, elle aperçut la grosse Aspasie, assise entre madame Germain et Coco, ce dernier sur une table, les jambes pendantes et paraissant écouter avec attention l'entretien les deux dames.

— Viens donc Pauline, mon enfant, entendre le récit d'un grand malheur; cette pauvre dame a été volée la semaine dernière d'une somme de trente mille francs, qu'elle gardait dans son secrétaire, dit madame Germain avec l'expression du regret et de la pitié.

— Oh! ciel, est-ce bien possible, fait Pauline en fixant sur Aspasie un regard douloureux.

— Que de trop, mon Dieu! les gueusards, les voleurs ont profité de mon absence pour s'introduire chez moi, forcer mon secrétaire, me piller et me réduire de nouveau aux fatigues du travail.

— Pauvre femme! exclame la jeune fille.

— Ah! les greudins! que n'étais-je caché chez vous lorsqu'ils ont forcé votre porte, c'est pour le coup qu'ils en auraient vu de dures, s'écrie Coco, en prenant une pose martiale, en agitant les bras comme un homme qui se bat.

— Hélas! oui, me voilà contrainte à reprendre mon ancien métier de marchande à la toilette, celui où jadis j'avais su m'amasser un honnête avoir, donnez-vous donc du mal, vivez donc de privation pour que le diable vous emporte d'un seul coup toutes vos économies.

— N'avez-vous aucun espoir de retrouver cet argent; nul soupçon qui puisse mettre sur les traces du voleur et aider la justice?

— Rien, ce qui est perdu est bien perdu, ma chère dame, aussi; sans attendre, Aspasie, ma chère fille, me suis-je dit, il ne s'agit plus de faire la rentière, la petite maîtresse, mais bien de reprendre la besace, d'aller faire de nouvelles offres de service à tes anciennes pratiques, faire en sorte d'augmenter ta clientelle et de gagner de l'argent.

— Cette subite résolution, votre courage, sont tout-à-fait louables et dignes d'une personne de mérite, mademoiselle, dit madame Germain.

— Aussi, suis-je venue me recommander à vous madame pour vos acquisitions, je tiens toute espèce d'articles de toilette, depuis la toile jusqu'au cachemire, depuis le simple bijou d'or jusqu'au diamant, et tel que vous voyez, je me rends en ce moment à Romainville, où je porte à une riche dame, un collier, une superbe croix le tout en diamans, dont elle désire faire emplète, si le prix ne lui semble pas trop élevé.

Nous souhaitons, mademoiselle, que vous réussissiez dans toutes vos entreprises; de plus, croyez que ce sera un véritable plaisir pour nous que de s'adresser à vous pour nos petites emplètes, bien simples il est vrai, mais subordonnées à nos moyens.

— A ça, quand la noce avec M. Jolivet? ait entendre Coco s'adressant à Aspasie.

— Coco, vous êtes un indiscret, dit madame Germain avec sévérité.

— La noce! est-ce qu'on se marie lorsqu'on est à moitié ruiné? Non, non! ensuite le sieur Jolivet aime les femmes riches et je ne le suis plus.

C'était l'heure du repas, et madame Germain d'inviter la marchande à la toilette que le malheur rendait intéressante à ses yeux, à vouloir bien partager le dîner de la famille, et la grosse fille ne se fit pas répéter deux fois l'invitation.

— Ainsi soit-il, je vas m'esbigner et courir aux merles, se disait Coco, le dîner terminé, en s'essuyant la bouche et en quittant la table.

— Où vas-tu, mauvais sujet? encore courir le bois, grimper aux arbres et mettre tes habits en morceaux?

— Du tout, bonne mère, mais bien tirer

de l'eau au puits pour arroser le jardin, et cela dit, le gamin de s'échapper de la salle, pour passer au jardin, mais loin de remplir la tâche qu'il vient d'annoncer, Coco s'empresse de franchir la haie qui ferme le jardin, en laissant après les épines un échantillon de son pantalon, et sans tenir nul compte de ce petit accident, s'élance dans la partie du bois située derrière la maison, et là, s'occupe à repasser tous les arbres en revue, dans l'espoir de découvrir un nid d'oiseaux.

— Bon! encore des œufs dans celui-ci, est-ce embêtant! Nimporte! empoignons tout de même, disait notre jeune homme huché dans le haut d'un arbre, sans égard pour les cris, le désespoir de la mère emplumée, qui voltige et gémit autour de lui. Coco maître du nid, se disposait donc à redescendre, lorsqu'un bruit qui se fit entendre sous lui et dans le feuillage, attira son attention en le rendant immobile. C'était un homme, un valet dont un large galon d'argent ceignait le col et le tour du chapeau, qui après avoir cherché quelques temps autour de lui, s'approcha d'un vieil orme, allongea le bras dans le trou situé au milieu du tronc, et que cachaient à la vue quelques rameaux, crevasse occasionnée par le temps, la vétusté de cet hôte des forêts. Enfin, ce ne fut pas sans une grande surprise que notre dénicheur d'oiseaux, le cou tendu, le regard fixe, vit cet homme retirer du vieux tronc, plusieurs lettres qu'il mit avec soin dans sa poche, et avec lesquelles il s'éloigna aussitôt.

— Tiens, tiens! je ne savais pas être aussi près de la boîte aux lettres, disait Coco en descendant vivement sans égard pour ses hardes, ni la recommandation de sa mère adoptive.

— Voyons donc, si notre particulier n'en aurait pas oublié quelques unes.

Coco ayant atteint la terre, court au vieil orme, enfonce son bras jusqu'au coude dans le trou en parcourt de la main, la profonde cavité et en sort une petite lettre bien pliée et parfumée.

—Ah! ah! qu'est celà? Bigre que ça sent bon.

Et Coco de tourner et retourner la lettre dans ses mains, d'en contempler long-temps le cachet, puis de le rompre brusquement.

— Voyons ce que cela chante, reprend le jeune homme en s'assayant sur le gazon et déployant le papier. Hum! des pates de mouche; c'est égal.

« Ma Pauline!...

— Tiens ! le nom de ma sœur, c'te farce !

« Ma Pauline, voilà quinze jours que je

« suis loin de toi, sans te voir, sans que ma
« bouche ait pu te faire entendre le mot je
« t'aime, sans que mes lèvres aient pu te le
« prouver..

— Diable ! il est chaud, le monsieur, interrompt Coco.

« Oh ! pardonne mo name, pardonne cette
« cruelle absence et n'en accuse qu'une né-
« cessité absolue, un obstacle insurmontable.
« Je t'aime Pauline, je t'adore et ne trouve
« de bonheur, de charme que près de toi,
« dans tes bras, sur ton cœur et cependant
« un mois va s'écouler encore sans qu'il me
« soit permis de ressentir ce même bonheur,
« Oui, Pauline, un voyage indispensable,
« un ordre de ma tante, m'exile loin de toi
« tout ce temps et sans qu'il me soit possible
« de m'y soustraire...

— Hé ! mais il l'aime joliment, c'te Pauline, faut qu'elle soit pour le moins, aussi gentille et aussi bonne que ma sœur... Voyons la fin... où donc que j'en étais?... Ah!...

« Soit possible de m'y soustraire.

« Oh! ne pleure point mon amie, et garde-
« toi d'accuser ton amant d'insouciance,
« d'ingratitude; par d'inutiles chagrins ne va
« pas altérer la beauté de tes traits enchan-
« teurs, plus, songe à l'enfant que tu portes
« dans ton sein, a ce doux fruit de notre
« amour dont les chagrins de la mère pour-
« raient nuire à la santé...

— Ah! la demoiselle est enceinte, c'te bêtise, enfin n'importe!

« Surtout aie soin de dérober jusqu'à mon
« retour, à celle qui te tient lieu de mère,
« ta grossesse et l'inquiétude qui te dévore,
« malgré le serment que je t'ai fait d'être
« toujours ton amant, ton meilleur ami.

« Calme-toi donc ma Pauline, car bientôt
« je rétablirai le calme dans ton âme alar-

« mée, en me présentant, en exprimant mes
« vues ainsi que tu le désires, à ta mère adop-
« tive, cette digne et sévère madame Ger-
« main !... »

— Hein! s'écrie Coco, en laissant échapper la lettre de ses mains.

— Tonnerre! ai-je bien lu?... Oui, madame Germain! Mais c'est donc ma sœur dont il est question? Mon Dieu! Mon Dieu! la pauvre fille! elle, la maîtresse d'un homme, elle enceinte et malheureuse! pauvre sœur! pauvre sœur! fait Coco en essuyant les larmes qui viennent inonder ses yeux. Que va dire la vieille mère quant elle saura tout cela? oh! comme elle aura elle-même du chagrin. En attendant, cachons cette lettre qu'elle ne la voie pas.

Et Coco fourre la lettre bien pliée dans le fond d'une des poches de son pantalon, puis après avoir pleuré quelques instans regagne la maison où en arrivant, il ne trouve plus que Pauline et madame Germain, occupées à coudre dans le petit Jardinet, la marchande à la toilette ayant après dîner, repris sa course vers le village de Romainville.

— Méchant ! qui ravit ainsi les enfans à une mère, dit Pauline à Coco, en voyant ce dernier sortir le nid de son sein.

— Oui, tu as raison sœur, on ne devrait jamais faire de mal à personne, mais je ne le ferai plus, dès ce jour je promets de respecter gens et bêtes, répond Coco en fixant sa sœur avec intérêt et douceur.

— Tant mieux alors, pour les oiseaux et pour mes pauvres doigts, qui sont sans cesse occupés à raccommoder les accros que monsieur fait à ses vêtemens, dit la vieille dame.

— Eh bien ! bonne mère, comptez sur ma parole, répond Coco qui vient de réfléchir qu'il aurait dû remettre la lettre en question, dans l'arbre où il l'à trouvé, afin qu'elle parvienne à sa sœur et qui se dispose à courir l'y replacer.

— Où allez-vous donc Coco ? quoi, encore sortir, y pensez-vous, voilà la nuit ? fait la vieille dame d'un ton sévère, en retenant le jeune homme par un pan de sa blouse.

— Un petit instant seulement, bonne mère, celui d'aller chercher mon couteau que j'ai laissé près de la haie du jardin.

— Non monsieur, vous ne sortirez pas, aussi bien je sens ce couteau dans votre poche, regardez plutôt.

— Tiens ! c'est vrai, je croyais l'avoir égaré.

Et Coco remettant au lendemain matin a replacer la lettre, de faire contre fortune bon cœur et peu à après, s'endort sur le banc, la tête appuyée sur les genoux de madame Germain.

Une demie-heure plus tard, la fraîcheur de la soirée, forçait la famille d'abandonner le jardinet pour rentrer dans la maison, Coco, tout endormi, montait se coucher dans sa chambre et Pauline à l'exemple de son frère, allait essayer de trouver dans le sommeil, l'oubli momentané de ses chagrins secrets.

— Dormez, dormez en paix mes chers petits agneaux et que le bon Dieu vous prépare pour demain une bonne et heureuse journée, murmurait madame Germain, demeurée seule dans la salle basse et occupée à remettre quelques effets en ordre.

— Javotte! fait-elle aussi, en appelant la servante occupée dans la cuisine, montez sans bruit à la chambre de Coco et descendez moi son pantalon, afin que j'y fasse quelques réparations et qu'il le remette demain, en bon état.

Javotte d'obéir, de descendre le pantalon.

— Seigneur ! ces diables d'enfans, comme il vous abîment leurs hardes. Voyez donc tous ces accrocs... un pantalon neuf, qui n'a pas un mois.

Ainsi cela disant étant seule, tournant et retournant le vêtement, la main armée de l'aiguille et du fil, la vieille dame de sentir sous ses doigts le bruissement d'un paper.

— Qu'est-cela, une lettre dans la poche de ce garnement? Oui, et une lettre parfumée encore! voyons ce quelle contient...

Madame Germain approche alors sa lumière, essuie les verres de ses lunettes, puis commence sa lecture.

— Pauline !! s'écrie-t-elle avec effroi dès le premier mot. Mon Dieu ! faites que ce ne soit pas elle! reprend-elle tremblante et en s'interrompant une seconde fois.

Un instant encore et la lettre fatale s'échappe des mains de la vieille dame qui prête à défaillir, s'écrie douloureusement:

— C'est elle, hélas! c'est elle, la malheureuse enfant.

Alors deux ruisseaux de larmes s'échappent de ses yeux, sa poitrine exhale de pénibles gémissemens; Javotte, d'accourir et voyant sa maîtresse en cet état court éveiller Pauline, qui, alarmée et à peine vêtue, s'empresse de descendre près de la malade, qu'elle trouve sanglottant et la tête respectable, appuyée sur les genoux.

— Ma mère, ma bonne mère! qu'avez-vous au nom du ciel?

— Lis, lis coupable enfant et laisse moi ensuite mourir de honte et de douleur.

Pauline avec une vive émotion s'empare

de la lettre, y porte les yeux, et reconnaît aussitôt l'écriture d'Édouard. A son tour, la jeune fille pâlit, ses genoux se dérobent sous elle, ses larmes abondent, elle tombe aux pieds de sa mère adoptive dont elle saisit les mains qu'elle couvre de pleurs et de caresses.

— Grâce! pitié ma mère pour votre enfant malheureuse et séduite!

— Imprudente, tu nous a deshonnorés, tu as sur ma tête, malheureuse! attiré la malédiction de celui qui te confia à mes soins, à ma surveillance; éloigne-toi Pauline!... Cela disant, la vieille femme détournait la vue et repoussait l'infortunée jeune fille qui succombant sous le poids de son émotion, tombe à terre privée de connaissance.

C'est alors que madame Germain, n'y tenant plus, oubliant tout pour ne voir que l'affreuse position de l'infortunée, se précipite sur elle, l'enlève dans ses bras, la dépose sur sa chaise, entoure sa tête de ses mains, lui couvre le front de baisers.

— Mon enfant ! reviens à toi, j'étais une barbare, une cruelle de te repousser lorsque tu m'implorais, lorsque tu as le plus besoin de ma tendresse, de mes secours ! Pauline, au nom du ciel ! reviens à toi ; pardonne à ta vieille mère comme elle te pardonne, où laisse-là mourir avec toi ! Pauline ! mon enfant, je suis à tes pieds, grâce, grâce pour un moment de rigueur !

Alors, Pauline, ouvre la paupière, fixe madame Germain, et tombe dans les bras qu'elle lui tend.

Un long instant employé à se prodiguer mille preuves de tendresse, à calmer une vive émotion, et Pauline, les yeux baissés, le visage animé des couleurs de la honte, fait à la vieille dame le long récit de ses amours, et de sa faute.

— Hélas ! hélas ! pouvu que ce séducteur soit sincère, chère et trop crédule enfant! soupire la dame après avoir écouté.

III

UNE ÉMEUTE.

—Oui garçon, je l'ons déviné depuis longtemps, t'es t'amoureux à en perdre la tête de c'te mamzelle Pauline, d'accord c'est z'un beau brin de fille, c'est sage, ça paraît avoir quelques écus et cependant une femme comme-cà, c'est pas ton fait, vois-tu mon bon Michel, parceque çà a t'eut de l'inducation, çà palle comme un savant, çà a des jolies petites manières mijaurés qui serions très déplacées cheu l'épouse d'un soldat. Quoi qui te faut à toi Michel? Une bonne gaillarde, qui ayons un état solide, qui te rapportions chaque soir à la chambrette de la caserne, le salaire de son travail de la journée, une femme enfin! qui ne rougissions pas d'être la celle d'un soldat et qui te savonions et repassions ton linge, disait Catherine, la mère adoptive de notre garde-municipale en causant un après-midi dans sa chambre, avec ce dernier.

— Catherine, ma bonne mère, faut il parce qn'on est né dans une classe pauvre et obscure, renoncer en ce monde à toute élévation et se condamner à ramper éternellement? non, telle ne furent jamais mes intentions et j'ai cru vous en donner la preuve, en profitant avec fruit du peu d'instruction que vos moyens vous ont permis de me faire donner.

— Oh pour cela, j'savons que quoique qu'élevé a l'école des frères, tu étions devenu un fameux savant, qui me feront honneur en tout point, dam! c'est pas t'étonnant tu étais toujours le né penché sur tes livres.

— Eh! bien, bonne mère, permettez-donc que je profite du peu d'avantages que je possède, pour sortir, s'il se peut, de mon obscurité, pour obtenir le grade qui m'est enfin promis et me marier selon mon choix.

— Selon ton choix, très bien! mais ne va pas faire une bêtise Michel, en épousant une belle demoiselle qui rougirions de toi et ne te serions d'aucune utilité dans le ménage, enfin comme le serions not' gentille voisine petite miniature délicate et bégueule.

— On ne commande pas au cœur, ma mère, et votre fils se trouverait le plus heureux des hommes, si Pauline daignait l'aimer et se donner à lui, réprend Michel en soupirant.

— Eh ben! de quoi, est-ce qu'elle ne t'aimerait pas c'te jeunesse? est-ce que par hasard elle te refuserions?

— Oui, aussi je suis bien malheureux, soupire Michel.

— Vois-tu mon garçon v'la ce quc'est que de s'adresser à de grandes demoiselles éduquées lorsqu'on est peu de chose, on reçoit des refus et pis ça fait mal et bisquer.

— Pauline m'estime ma mère, elle ne rougit pas de l'amour du pauvre soldat, mais son cœur ne lui apartient plus, je pense.

— Tu crois garçon, c'est vexant. Comme cà, ta petite en aimerions un autre, qui lui faisons des traits ben sûr.

— Vous pensez ma mère?

— Dam! çà peut ben être.

— En effet, Pauline depuis un mois qu'elle est de retour de Romainville semble fort triste, souvent je l'ai surprise en pleurs... Oui quelques secrète douleur, un chagrin profond pèse sur son cœur.

En ce moment le bruit du tambour qui battait le rappel, interrompit Michel.

— Garçon, entends tu?

— Oui mère, c'est le rappel, encore l'émeute, la révolte qui descendent comme hier dans les rues, sans doute?

— Maudite révolution, quand donc se terminera-t-elle, car chaque émeute me fesons trembler pour toi, mon pauvre Michel, toi, dont le devoir dangereux étions de mettre ces mutins à la raison.

— Hélas oui, de charger sur des français, égarés et risquer à chaque pas de fouler sous les pieds de son cheval, un parent, un ami. Ah! malheur, malédiction, à tous les moteurs de ces désordres! dit le jeune homme avec indignation.

— Michel, mon enfant, reste ici, et pisque t'avons une permission de douze heures, ne va pas t'exposer, car il y aura beaucoup de bruit ce soir dit-on, dans le quartier Transnonain ousque se sont donnés rendez-vous, les républicains.

— Du tout, mère, il ne s'agit pas de se cacher lorsque le devoir commande, lorsque le pays allarméréclame ses défenseurs.

— Michel, Michel! il t'arrivera malheur! hélas! si tu te faisais tuer, enfant, que deviendrait ta vieille mère? dit la bonne femme en entourant son fils de ses bras.

— Vous avez de quoi vivre mère Catherine, je mourrai en vous regrettant, mais heureux de vous savoir a l'abri du besoin.

— Mais je ne te reverrions plus enfant et c't'idée me ferions aussitôt, te suivre au cimetière. Reste, reste Michel, je t'en prions !

— Mère Catherine, vous m'avez raconté cent fois que votre mari, sergent de la vieille garde et décédé dans la neige de la Moscowa, aurait préféré se faire sauter la cervelle que de rester dans l'inaction un jour de bataille...

— A preuve mon garçon, qu'entendant un soir gronder le canon au loin, et cela, étant malade à l'ambulance, il se jeta à bas de son lit, bouscula chirugien-major et toute la carabinerie occupée à le panser, pour courir à moitié vêtu, prende part à l'action qui se donnait à une lieue de là.

— Vous voyez mère, d'après ce fait, que rien ne doit retenir un brave soldat, lorsque le devoir l'appelle. Adieu mère, adieu, car j'entends le rappel battre avec plus de force encore, ce qui m'annonce que l'affaire va chauffer et qu'on a besoin de moi là-bas.

Cela dit, Michel allait s'échapper des bras de Catherins, lorsque la porte de la chambre vint à s'ouvrir brusquement pour donner passage à madame Germain ainsi qu'à Pauline, qui, toutes deux, l'effroi peint sur le visage s'approchent du garde municipal, occupé à ceindre son sabre.

— Michel, c'est l'émeute, entendez-vous? on se bat en ce moment rue Saint Martin, et Coco est absent, nous tremblons ma mère et moi que ce malheureux enfant n'aille de nouveau se mêler dans ce tumulte, par grâce! mon ami, venez m'aider à le chercher, à le ramener ici, dit Pauline d'une voix suppliante, le visage pâle et les traits décomposés.

— Et moi mamzelle, j'conseillons à mon fils de ne point sortir et de profiter de son permis d'onze heures pour échapper à c'te bagarre.

— Comme mère, oh! vous avez raison Catherine, et la demande de ma fille est indiscrète, c'est donc à nous Pauline, a tâcher de rejoindre Coco, viens, viens mon enfant! dit madame Germain, cherchant à entraîner la jeune fille.

— C'est çà, allez vous exposer morbleu! y pensez-vous mesdames, des femmes doivent-elles s'exposer dans les rues, en de semblables instans? Non, restez, je vais faire ensorte de rejoindre votre gaillard et le faire consigner au quartier jusqu'à ce qu'il soit possible de vous le ramener moi-même,

— Bon Michel! nous plaçons toute notre confiance en vous.

— Adieu Pauline, plaignez-moi doublement en ce moment, de ne point posséder votre cœur d'abord, puis d'être forcé d'aller tirer le sabre contre mes concitoyens, ce sabre qui m'a été confié non pour les châtier, mais pour les défendre!

— Ah! Michel, vous n'êtes pas seul malheureux, car moi, je le suis aussi et bien cruellement, soupire Pauline, bas à Michel, tandis que madame Germain cause émeute avec Catherine.

Encore des adieux, puis Michel s'éloigne, gagne la rue où les boutiques se ferment avec vîtesse au bruit d'une fusillade lointaine, où la terreur est empreinte sur tous les visages, où des groupes nombreux se forment et murmurent. Le conseil est donné par des passans à notre jeune militaire de ne point s'aventurer seul sur les boulevards que sillonnent des bandes de révoltés, cependant c'est le chemin de

Michel; d'abord, sa caserne est située faubourg Saint-Martin puis, il espère en suivant ce chemin, rencontrer Coco et l'emmener avec lui, N'importe! Michel a son sabre au côté pour répondre à ceux qui ne verraient pas d'un bon œil son uniforme, et, cela pensé, le garde tourne la rue d'Angoulême, longe le boulevard d'un pas ferme, la tête haute, l'arme sous le bras cherchant des yeux de droite et de gauche, s'il n'apercevra pas le gamin recommandé à sa surveillance. Rien ! les boutiques sont closes, le boulevard presque désert. A la porte Saint-Martin, grand tumulte, le peuple en guenilles qui hurle et fuit devant les charges de la cavalerie, puis les frères d'armes de Michel, rangés en bataille, le sabre au poing et à qui notre jeune homme ne demande que cinq minutes pour monter à cheval et venir partager leurs dangers.

Une heure plus tard à la nuit tombante, un peloton de la garde municipale chargeait les révoltés sur le pavé de la rue Saint-Martin et dans les rues aboutissantes, il chargeait un ennemi acharné, fuyant d'abord, puis, revenant sans cesse. Les hommes qui composaient ce peloton parmi lesquels se trouvait Michel, venaient d'entrer dans la rue Transnonain, là, de chaque porte, de chaque fenêtre, un feu meurtrier dirigé sur eux, disséminait leurs rangs sans altérer leur courage, une plainte seule s'exhaalit du sein de celui qui tombait mourant sous les pieds de son cheval, cette plainte exprimait le regret de mourir de la main d'un frère, d'un Français. La Ligne venait d'envahir plusieurs maisons de la dite rue, afin d'en débusquer l'ennemi, dont le feu meurtrier, portait le ravage dans les rangs. Une barricade élevée à l'angle d'un carrefour, était en ce moment le théâtre d'un violent combat, enfin, l'épouvante et la mort, régnaient dans toute leur horreur, dans ce lieu étroit, dans ce quartier d'ordinaire aussi paisible que laborieux : des cris affreux poussés par des femmes, des enfans assaillis dans leur domicile, par les soldats, à la recherche, à la poursuite des révoltés, puis, ceux des blessés; tout cela joint aux fusillades produisait un affreux ourvari. Au sein de ce masacre, de ce tumulte, Michel, dont le cheval bondit, Michel, le sabre en main, lutte de tout son courage, de toute sa force contre une bande acharnée après lui et qui essaie en vain à le désarçonner, mais vainqueur et voyant l'ennemi fuir devant lui, notre jeune homme peut enfin porter son attention sur un groupe d'hommes aux gestes brusques, à la figure féroce, aux regards fauves et sanguinaires, véritable lie du peuples que vomissent les révoluiions sans qu'on sache de quelle autre elle sort, enfin, canaille échappée des bagnes, apparaissant dans ces momens de troubles et se jettant dans la mêlée, sans autre motif que celui du vol et du pillage. Ces hommes donc à quelques distance de Michel et profitant du tumulte, de la demi obscurité qui régnaient alors, entrainaient un vieillard qu'il maltraitaient, dans l'allée étroite d'une maison, où, après s'être introduits ils fermèrent la porte derrière eux. Michel, sans plus attendre et soupçonnant un crime, s'élance vers ce lieu, d'où s'échappaient de sourds gémissemens, de la poignée de son sabre, il heurte fortement à la porte, et ne recevant nulle réponse, aidé de quelques personnes, il brise la serrure puis confiant son cheval à un camarade, Michel se précipite dans l'allée où dans l'ombre, il voit fuir les malfaiteurs vers un escalier tortueux, où ses bottes viennent heurter un corps étendu sur la terre. Michel reconnaît le vieillard, appelle à son aide, puis relève l'nfortuné évanoui, et déjà dépouillé d'une partie de ses vêtemens.

— Les scélérats, ils l'ont à moitié tué ! dit Michel en emportant le corps qu'il confie dans la rue, à quelques témoins de la scène en les priant de le suivre avec ce fardeau jusqu'à ce qu'ils trouvent une boutique ouverte, nn endroit convenable enfin, pour donner des secours à ce malheureux vieillard.

A quelque distance, et vers le milieu de la rue Chapon, une lumière brille à travers les fentes des volets d'un marchand de vin, alors Michel frappe, implore secours pour un blessé et la porte s'ouvre pour donner passage au cortége.

— Soignez ce veillard, essayez de le rappeler à la vie, n'épargnez rien, je paierai demain, d'ailleurs voici ma montre quoi qu'étant d'argent, elle suffira j'espère pour répondre de la dépense! dit Michel du haut de son cheval, au maître marchand de vin, en lui présentant le bijou qu'il vient d'atteindre de son gousset.

— Quoi! vous n'entrez pas mon brave, afin de surveiller vous-mêmes les soins donnés à votre protégé? dit un des porteurs, commissionaire du quartier.

— Impossible malgré le désir que j'en ai, à moins d'abandonner mon cheval, qui bientôt, dans les mains des républicains, irait ervir de barricade.

— Si ce n'est que cette crainte, entrez

dans la cour, dont je vais vous ouvrir la porte et votre cheval ne courra nul risque, offre le marchand de vin.

— Accepté? mais dépêchons, car il y a encore de la besogne à faire là-bas, répond Michel, dont un instant après, le cheval se trouvait en sûreté et attaché dans une petite cour obscure. Notre garde municipal se rend donc près du malade, resté jusqu'alors sans connaissance et qu'on a déposé dans la salle du cabaret, sur une vieille bergère en velours d'utrech, prêtée par une voisine charitable. La mise du vieillard annonce l'opulence, Ses cheveux blancs, sa figure noble, inspirent le respect. Inspection faite, nulle blessure ne couvre son corps, le cou seulement, porte les marques d'une violente pression. Ce n'est qu'à force de soins prodigués par Michel, que l'inconnu revient à la vie, alors son regard se dirige avec crainte, étonnement, sur les gens qui l'entourent.

— Ne craignez rien Monsieur, vous êtes cette fois parmi d'honnêtes gens qui s'intéressent à vous. Parlez, vous sentez-vous plus à l'aise, désirez-vous quelque chose? dit Michel au vieillard dont il soutient la tête. Ce n'est qu'un long instant après, que ce dernier peut enfin répondre aux offres du jeune soldat, le remercier de ses bons soins, de son obligeance et le prier de vouloir bien le faire conduire à son domicile situé rue St-Florentin.

— Messieurs, ajoute l'inconnu, en s'adressant aux personnes présentes, à qui de vous suis-je redevable d'être sorti sain et sauf des mains des misérables qui attentaient à ma vie afin de mieux me dépouiller?

— A ce brave garde municipal, qui après avoir mis en fuite les voleurs, vous a fait apporter ici afin de vous prodiguer ses secours, répond un des témoins de la scène.

— En vérité jeune homme, je ne sais comment reconnaître toute l'obligation dont je vous suis redevable, car je vous dois une vie, que ces malfaiteurs essayaient de m'arracher; de semblables services ne se payent point avec de l'or, mais bien, par la reconnaissance et l'amitié. voici mon adresse, le baron de Norbert, rue Saint-Florentin N° 17, j'espère mon jeune ami, que vous ne refuserez pas de venir me visiter, et recevoir de nouveau mes remercimens, ceux d'une fille à qui, vous avez conservé un père qu'elle chérit?

— Vous portez beaucoup trop haut, monsieur le baron, la reconnaissance pour une action toute naturelle, celle de protéger son semblablable et dont mon état me fait un devoir, répond Michel avec modestie.

— Jeune homme, touchez-là, c'est un ami qui vous offre sa main, et surtout! gardez-vous d'oublier ma demeure, et mon invitation.

— Soit! monsieur le baron, et puisque vous l'exigez, j'aurai l'honneur d'aller m'informer de l'état de votre santé : maintenant vous m'excuserez de ne point rester davantage près de vous, mais le devoir m'appelle près de mes camarades, que j'ai laissés sous le feu de l'ennemi.

— Allez, allez! mon brave et surtout, ménagez votre vie.

Michel presse de nouveau la main que lui tend le baron, puis s'éloigne, rejoint son cheval sur lequel il s'élance et part au galop en se dirigeant vers la rue Transnonain et la barricade, que les révoltés défendaient encore en ce moment avec le courage du lion. Elle croule enfin! l'ennemi fuit, la troupe le poursuit, Michel lancé au galop, franchit d'un bond de son coursier, cet amas de matériaux épars sur le pavé et qui, un instant avant, s'élevait à la hauteur d'un premier étage, Michel, donc, galoppait de nouveau, lorsqu'à l'angle d'une rue et dans le renfoncement d'une porte cochère il aperçoit un gamin, qui, armé d'un fusil, tirait sur la troupe; s'élancer sur ce malfaiteur, le désarmer, le saisir au collet et l'enlever à la hauteur de son cheval, fut l'affaire d'un instant, mais quelle fût la surprise de Michel en reconnaissant Coco dans son jeune prisonnier.

— C'est toi malheureux! s'écrie le cavalier.

— Ah! c'est vous Michel? tant mieux! au moins vous me laisserez aller.

— Ce n'est pas certain mon gaillard, ah! tu te révoltes et fais le coup de fusil!

— Dam! Michel, faut bien faire comme les autres, se battre pour la république, on dit que c'est si beau!

— Allons! en croupe, mauvais garnement, reprend Michel, en hissant le gamin derrière lui.

— A quoi bon, n'ai-je pas des jambes pour m'en aller?

— Oui, chez toi, mais c'est en prison qu'il faut aller.

— Quoi, Michel, mon ami, parlez-vous sérieusement?

— Oses tu en douter, toi que je viens de surprendre faisant feu sur la troupe?

— C'est vrai, j'ai tiré, Michel, mais pour m'amuser, car je ne tirais qu'à poudre seulement.

— Est-ce la vérité que tu dis-là?

Parole d'honneur Michel ! à preuve, que je n'ai n'ai ni balles ni cartouches, seulement, un peu de poudre, que m'a donné avec ce fusil, le camarade qui m'a amené ici, en me disant que j'aurais une place dans le gouvernement si la république triomphait,

— Fort bien ! mais comme la république ne triomphera pas encore ce jour, c'est, vu ton âge, à la Force que tu viens d'en gagner une.

— Michel ! pas de bêtises, songez au chagrin que vous feriez à ma vieille mère, à Pauline, que vous aimez tant, si vous me meniez en prison. Je vous en prie Michel, laissez moi m'en aller, Michel, mon bon Michel !! Et Michel sans paraître faire attention aux prières de Coco galoppait vers le haut de la rue Saint Martin, afin de rejoindre ses camarades, tous en ce moment, rangés en bataille sur le boulevard.

— Michel, voilà mon chemin, laissez-moi filer, je vous promets de rentrer aussitôt à la maison, d'être plus prudent à l'avenir, hein! Michel, qu'en dites vous mon bon ami?

— Décampe donc gamin, mais gare à toi, si je te rencontre une seconde fois dans uen semblable bagarre. Cela dit, Coco, se glisse à bas du cheval, puis, prend ses jambes à son cou en se dirigeant vers le boulevard du Temple et la rue d'Angoulême.

IV

UNE RENCONTRE INATTENDUE.

Deux mois déjà se sont écoulés, depuis le jour où Coco après s'être emparé dans le vieil orme, de la lettre adressée à sa sœur, a fait connaître les secrets de cette dernière à madame Germain. Deux mois donc que Pauline attend en vain le retour d'Edouard, qui, depuis ce temps, n'a plus donné de ses nouvelles. Douloureusement affectée, sans cesse dans les larmes, ayant perdu toute espoir de revoir le séducteur, l'amant perfide, madame Germain et Pauline ont quitté la campagne où l'isolement contribuait à augmenter leurs chagrins, pour venir se fixer dans leur domicile de Paris, puis encore dans l'espérance d'y rencontrer Edouard dans une des fréquentes promenades qu'elles se proposaient à cet effet, démarches enfin, qui, jusqu'alors étaient restées sans résultats heureux et cependant nos deux femmes contre leur habitude avaient fréquenté les promenades, les concerts et même les grands spectacles, lieux où d'après les apparences de fortune du séducteur, elles espéraient faire sa rencontre. Plus d'espoir donc, il fallait oublier Édouard et ne plus exister que pour le malheureux enfant qui devait naître un jour, innocente cause des douleurs d'une mère qui s'apprêtait à l'aimer de toute la force de son âme. Mais hélas! qu'allait dire Pierre Renaud, cet ami tendre, zélé de la famille, en découvrant la faute de la jeune fille? ah! combien il devait blâmer la négligence où plutôt la coupable confiance de celle à qui il avait confié l'honneur et la garde de ses enfans. Telles étaient les amères réflexions de madame Germain les craintes qui l'agitaient.

— Où allez-vous ainsi belles dames? disait un jour monsieur Mitonet, en rencontrant ses voisines sur l'escalier.

— Faire quelques tours de promenade sur les boulevards, répond madame Germain.

— Hum! je serai volontiers des vôtres, mes charmantes voisines, si vous daigniez entrer chez moi et m'accorder quelques instans afin de terminer une petite affaire pécuniaire avec certain dandy que j'attends et qui ne peut tarder à arriver.

Pauline et sa mère, refusent d'abord l'offre du voisin, mais pressées par lui avec instance, les deux femmes acceptent enfin la proposition et introduites dans le salon de monsieur Mitonet, prennent place sur un canapé. Il y avait à peine dix minutes que nos trois personnages s'entretenaient avec effroi de l'émeute qui avait eu lieu la dernière semaine lorsqu'un coup de sonnette annonça le visiteur attendu, à qui s'empressa d'aller ouvrir monsieur Mitonet. Ce fut dans son cabinet, attenant au salon et séparé seulement par une porte de communication que le voisin introduisit le nouveau venu, où il lui offrit un siége près de son bureau.

— Eh bien ! mon cher monsieur Félix de Viguerie, quoi de nouveau? quoi me procure l'honneur de votre visite? s'informe M. Mitonet, d'un ton mielleux.

— Parbleu! cher monsieur, ne l'avez-vous encore deviné? C'est de l'argent qu'il me faut, et beaucoup d'argent, répond d'un ton leste et tranchant le beau, jeune et élégant visiteur.

— Ah! ah! de l'argent, fort bien, mais vous m'en devez déjà beaucoup mon bon Félix et ne m'en rendez jamais.

— En vérité! mais c'est fort mal à moi, aussi, veux-je réparer cet oubli en vous payant d'ici à quinze jours intérêts et capital, à la condition expresse cependant, que vous me prêterez aujourd'hui, même, deux mille écus dont j'ai le plus pressant besoin.

— Impossible! je ne les ai pas en ce moment dans ma caisse.

— Alors, prenez-les dans votre portefeuille et n'allez pas me refuser, cher Mitonet.

car c'est une affaire d'or pour vous, songez que ma très honorée tante, la gracieuse dame de Ganoche, a mis hier, dans son sécrétaire, la noble somme de quatre cent mille francs en bons billets de banque, laquelle somme, elle réserve en dot à son très cher neveu.

— Fort bien ! mais vous ne la tenez pas encore cette dot...

— Non ! mais dans quinze jours, époque fixée pour mon mariage avec mademoiselle Clémence Picot, fille unique d'un riche marchand de dentelle, ladite demoiselle devant m'apporter la même somme que celle qui m'est donnée par ma chère tante.

— Voilà qui est fort beau ! mon jeune ami et ce dont je vous félicite de tout mon cœur. Or donc ! grâce à ce brillant mariage, vous allez vous trouver à même de me rembourser les soixante mille, soixante trois francs, sept centimes, intérêts compris dont vous m'êtes redevable ?

— Sans doute ! plus, les deux mille écus que vous allez me compter.

— Allons, vous obtenez de moi tout ce que vous voulez. Mettez vous-donc à ce bureau, prenez ce papier timbré et souscrivez pour le dit emprunt, votre lettre de change à seize jours de date, et de la somme de dix mille francs dit le prêteur en baissant la voix.

— Quoi cher usurier, pour seize jours, quatre mille francs ? fait le jeune homme en posant la plume et fixant Mitonet.

— C'est oui, ou non, car vous ne vous doutez pas mon jeune homme, combien l'argent est cher en ces temps de troubles, de guerres civile, après une émeute enfin, comme celle de la semaine dernière.

— C'est juste ! dit le jeune homme en

reprenant la plume et se mettant à écrire. Tenez, voilà mon billet, maintenant à vous à s'éxecuter, reprend-t-il ayant terminé la lettre de change.

— Très bien ! dit monsieur Mitonet après une attentive inspection de l'effet qu'il enferme ensuite dans un des tiroirs du bureau, où il prend un énorme portefeuille dans lequel il puise et sort six billets de banque de mille francs chacun qu'il compte à l'emprunteur.

— Merci, cher usurier, merci de cet argent, qui doit ce soir m'aider à attendrir le cœur de la plus gracieuse danseuse de notre grand théâtre lyrique.

— Ah! mauvais sujet, en faites-vous de ces dépenses !

— Ne m'en parlez pas cher usurier, aussi ma tante, noble dame de Ganoche, est-elle furieuse après son très cher neveu dont elle désire se débarrasser par un prompt mariage.

— Quant à moi; j'approuve fort l'intention de cette dame, oui, mariez-vous mon cher Félix, afin de pouvoir au plus vite vous débarrasser de vos dettes.....

— Et d'être à même d'en contracter de nouvelles, répond en riant Félix de Viguerie en se levant de son siège et se disposant à prendre congé du prêteur.

— C'est lui, c'est lui ma mère, mes oreilles ne me trompaient pas ! s'écrie Pauline suivie de madame Germain, en ouvrant précipitamment la porte et se trouvant en présence du jeune homme.

— Pauline ! exclame Félix en reculant de surprise.

— Quoi donc ! une reconnaissance, dit monsieur Mitonet. Pauline toujours sur le seuil de la porte et prête à s'évanouir, s'appuye sur sa vieille mère qui elle-même tremblante et le regard fixé sur Félix, a peine à se soutenir.

— Un instant monsieur, avant de vous éloigner, daignez au moins m'entendre, dit madame Germain au faux Edouard, qui se disposait à s'échapper furtivemnt

— Comment madame, vous désirez une explication en présence d'un témoin? Mais cela est d'une inconvenance outrée, dit Félix d'un ton leste, en rentrant dans la chambre.

— Monsieur Mitonet est un ami pour lequel nous n'avons point de secret, répond la dame en faisant asseoir Pauline, pâle, muette anéantie et dont les yeux n'osent plus quitter la terre.

— Eh bien! qu'allez-vous me dire chère dame, que j'ai eu des torts envers vous et votre charmante pupile, j'en conviens et compte les réparer, mais plus tard.

Sans doute quand vous serez devenu l'époux

de mademoiselle Clémence Picot? dit madame Germain.

— Ah! vous savez?.. et bien oui, lorsque j'en aurai fini avec ce mariage, parcequ'alors, je serai maître de ma fortune qu'il me sera possible d'en extraire une partie en faveur de l'enfant, d'une femme que j'ai beaucoup aimé, que j'aime encore même.

— Gardez, votre argent monsieur, c'est une autre réparation, beaucoup plus noble, que nous réclamons de votre délicatesse.

— Je ne vous comprends pas chère dame !

— Vous avez séduit, deshonoré ma Pauline, monsieur.....

— Ah! j'entends, oui, un mariage pour réparer tout cela, hélas! je ne demanderais pas mieux, mais chère dame, je dépends d'une tante dont j'attends la fortune, qui prétend me marier selon ses goûts et nullement d'après les miens, qui ne se feraient

Pauline, puis s'éloigne précipitamment. Alors la jeune fille tombe sans connaissance dans les bras de sa vieille mère et amie.

— Diable de rencontre, singulière aventure! fait là dessus M. Mitonet d'un ton passible, en humant une forte prise de tabac.

Quelques instants plus tard, Pauline revenue de son évanouissement, remontait chez elle soutenue par madame Germain; là, la pauvre fille se jeta sur un siége, pour y donner cours à son violent désespoir.

— Calme cette douleur affreuse, ma chérie! oublie un ingrat, un homme indigne de toi, oui, les honnêtes gens te plainderont et ta vieille mère, oublieuse de ta faute, chérira ton enfant comme elle chérit la mère. Ainsi parlait la dame enlaçant Pauline de ses bras, essuyant ses larmes et la comblant, de douces caresses. Un coup de sonnette se fit entendre en ce moment.

— Oh ! qui donc nous arrive aussi mal-à-propos ? Coco, peut-être ! et madame Germain s'en fut ouvrir.

— Oh! ciel Pierre Renaud !

— Eh ! bien oui ! c'est lui-même est-ce que vous n'êtes point aussi surprise qu'enchantée de sa visite, mère Germain? dit le marchand forain d'un air riant et ouvert, en s'avançant dans le petit appartement.

— Pourriez-vous douter un instant du plaisir que nous fait votre arivée ?

— Nullement, mère Germain, mais où sont donc les enfans, que je les embrasse ?

— Coco, n'est point encore revenu de l'école et Pauline... Pauline...

— Eh ! bien, Pauline, où est-elle ? dit brusquement Pierre Renaud.

— Dans sa chambre, répond la vieille

surmonterais la volonté même de ma tante, mais hélas! à peine serais-je ton époux, qu'une foule de créanciers impitoyables, attenterait à ma liberté, m'arracherait de tes bras, me séparerait de toi, en ne te laissant, pauvre femme! que la douleur et la misère; car, Pauline, je suis un dissipateur, un malheureux, qui déjà a compromis les deux tiers de sa fortune à venir.

—Édouard! que m'importe la misère si tu es mon époux, si tu daignes donner un père à notre enfant! dit Pauline d'une voix suppliante, et les bras tendus vers le jeune homme.

—Ton époux, mais cela ne se peut pas! ton enfant, oh! je l'aimerai Pauline, je ferai tout pour lui.

—Ainsi donc, monsieur, rien de noble, de généreux à attendre de vous, le désintéressement de cette infortunée, ses larmes n'ont nul empire sur votre cœur de glace, sur votre âme intéressée ?

— Je me suis expliqué, madame et n'ai plus rien à répondre.

—Éloignez-vous alors, car votre présence ne peut qu'augmenter la douleur de votre victime.

— J'obéis madame, mais au moins, que j'emporte l'assurance que vous ne repousserez pas le bien que je me propose de faire à l'enfant de votre pupille...

— Rien de vous désormais monsieur, retirez-vous, encore une fois, reprend madame Germain avec sévérité.

— Édouard ! Édouard ! s'écrie Pauline le voyant s'éloigner, mais à pas lents et d'un air embarrassé.

A cet appel, prononcé avec l'accent du désespoir, Édouard s'arrête sur le seuil de la porte, lance un regard de pitié sur

nul scrupule de me deshériter, de me fermer sa porte, si j'osais agir contre sa volonté.

— Misérable! ignoriez-vous donc ces choses lorsque vous séduisîtes une innocente fille, lorsqu'après ma défense de vous présenter chez moi davantage, vous l'entraînâtes dans de secrets rendez-vous! honte à vous Monsieur, qui vous faites un jeu de l'honneur des familles, qui, sans craindre le remords, y portiez la honte et l'infamie, s'écrie madame Germain avec feu.

— Eh! madame, que voulez-vous, qu'exigez-vous, en réparation de mes torts; que j'épouse Pauline? Soit! j'y consens, car je l'aime, mais pour que ma tante y consente de même, trouvez le moyen de donner à votre fille, quelque cents mille francs de dot, car je vous le répète, celle qui m'a élevé, de qui je tiens et attends tout, ne consentira jamais à lâcher les quatre cents mille francs que renferme son secrétaire, en faveur d'un neveu qui prendrait une femme sans le sou, d'ailleurs sans cette somme secourable, que deviendrais-je, criblé de dettes, enthousiaste de luxe, de plaisir et ne sachant faire œuvre de mes dix doigts.

— Dam! le jeune homme n'a pas tout-à-fait tort, son raisonnement me paraît assez clair, fait entendre M. Mitonet, parti interressée au mariage d'argent.

— Édouard! Édouard! sont-ce là, les discours que vous me teniez jadis? cruel! pourquoi m'avoir trompé aussi indignement, vous qui me nommiez sans cesse votre épouse, qui prétendiez m'aimer si tendrement! dit Pauline surmontant sa honte et levant sur Édouard un regard baigné de larmes.

— Chère Pauline! il me serait doux de te nommer mon épouse, de m'unir à toi pour la vie et pour parvenir à tant de bonheur, je

dame d'un air embarrassé et en baissant les yeux. Pierre, sans plus attendre, se dirige vers le lieu indiqué, en ouvre la porte, et recule de surprise en y apercevant la jeune fille, les yeux rouges et remplis de larmes.

— Oh! oh! que se passe-t-il ici! de quoi, des pleurs, du chagrin, à toi ma petite Pauline, voyons, voyons qu'on s'explique, je le veux!

— Pierre, laissez Pauline se livrer à sa douleur et venez avec moi dans l'autre pièce, dit madame Germain qui a suivi le marchand forain.

— Du tout, je veux que l'enfant s'explique. Est-il donc arrivé quelque chose fâcheuse? parle, Pauline... parle donc! s'écrie Pierre avec impatience et frappant le parquet du pied. Au lieu de répondre Pauline pleure encore plus fort, et cache son visage dans ses deux mains.

— La peste soit de la pleurnicheuse !

— Pierre, ne la questionnez-pas, elle ne pourrait vous répondre ; venez, venez avec moi, je vous expliquerai tout comme à notre sauveur, notre meilleur ami.

— Venez-donc et parlez vîte surtout, car je meurs d'inquiétude, d'impatience.

— Pierre, vous avez souvent été à même, d'apprécier ma surveillance maternelle envers les enfans que vous m'avez confiés, commence madame Germain assise près de Renaud et seule avec lui dans une pièce écartée.

— Oui, oui, après !

— Eh bien Pierre, malgré mes soins mes assiduités près de votre fille...

— Après, après pour Dieu !

— ... Un séducteur s'est introduit près d'elle, a su égarer son cœur...

— Mille tonnerres ! et la déshonorer

avec qui elle eût été la plus heureuse des femmes.

— Oui, vous aviez raison, Pierre, moi aussi j'avais fait ce doux rêve, mais il ne faut plus y penser, répond la vieille en soupirant.

— Maintenant, allons porter quelques consolations à notre pauvre affligée, dit Renaud en se levant.

V

DES INDUSTRIELS.

Dans une chambre obscure située au quatrième étage d'une laide et sale maison de la rue Maubuée, dans ce galetas que meublaient quelques meubles grossiers, était un homme d'une cinquantaine d'années et d'une mise

nomme? s'informe de nouveau Renaud après un instant de réflexion.

— Oui.

— Et sa tante, madame Ganoche?...

— Oui.

— Et cette tante refuserait ma fille en qualité de nièce, à ce que vous a conté ce misérable suborneur, parcequ'elle n'apporterait pas une dot aussi forte que celle qu'elle destine à son neveu et laquelle dot ne doit sortir du secrétaire que le jour de la signature du contrat?

— Hélas! oui, cette femme veut une riche épouse pour son neveu.

— Et Pauline, aime cet homme?

— Beaucoup!

— Eh! bien, elle l'épousera.

— Elle l'épousera dites-vous, Pierre? mais une dot!

— Pauline en aura une, répond Renaud avec sang-froid.

— Oubliez-vous donc qu'il faut qu'elle soit en rapport avec celle du jeune homme?

— Elle le sera.

— Mon Dieu! Pierre, vous êtes donc beaucoup plus riche que je ne le pensais? interroge la vieille dame avec surprise.

— Peut-être! mais comme l'idée de compter ma caisse ne m'a jamais passé par la tête, que je puis me tromper dans mes calculs, jusqu'à nouvel ordre, que ce projet de mariage soit un secret pour tout le monde ; donnez seulement quelques espérances à Pauline afin de calmer un peu sa douleur, puis reposez-vous sur moi, du soin d'assurer son bonheur, puisque l'enfant, le place dans cette union. Ah! c'est dommage, car j'avais rêvé pour elle un autre époux, ce brave Michel, qui paraît aimer Pauline de toute la force de son âme, n'est-ce pas? s'écrie Renaud d'une voix terrible.

— Hélas! Pauline, sera mère dans peu de temps, murmure la vieille dame d'un accent ému et craintif.

— Enceinte! enceinte! Pauline, ma fille dont j'étais si fier! oh! mon Dieu, vous me punissez cruellement, et dans tout ce qui m'est le plus cher! reprend Renand avec désespoir. Et vous, femme imprudente, sont-ce là les promesses que vous me fîtes? est-ce ainsi que vous avez rempli votre devoir? malédiction! je ne sais ce qui me retient de vous écraser sous mes pieds! reprend Renaud avec un geste terrible et menaçant.

— Grâce! pitié pour mes cheveux blancs Pierre; car je fus abusée, trompée par votre fille et son séducteur, s'écrie la vieille dame tremblante, en tombant aux genoux du marchand forain.

— Relevez-vous, relevez-vous, vous dis-je, j'ai honte de m'emporter ainsi, de méconnaître vos qualités, excusez-moi, ma vieille amie, et sans crainte, sans rancune, prenant en miséricorde, la douleur que j'éprouve, racontez toute cette funeste aventure ; nommez-moi le coupable ; hâtez-vous, j'écoute !
Et parlant ainsi d'une voix calme, Renaud relevait la bonne femme, et la déposait sur son siége, puis lui pressait la main amicalement. Madame Germain, remise de sa crainte, de son émotion, essuya ses larmes et commença un récit qui instruisit de point en point Renaud, des amours secrètes et malheureuses de sa fille, du nom du séducteur, du refus de ce dernier de réparer l'honneur de Pauline, du prochain mariage qu'il devait faire et de la dot que lui réservait sa tante.

— .... Et c'est Félix de Vignerie, qu'il se

commune. Cet individu, le coude appuyé sur une table chargée de verres et de bouteilles, la tête penchée et le regard fixe, semblait être ainsi plongé dans de graves réflexions, rompant enfin le silence qu'il observait, après avoir tiré sa montre et regardé l'heure :

— N'arriveront-ils pas ces misérables ! se font-ils un jeu de me faire attendre ce soir ? s'écrie-t-il en frappant du poing sur la table.

— Voilà Capitaine ! dit en ouvrant la porte, un grand escogriffe au corps diaphane, au visage pâle, au regard louche, le tout revêtu d'une blouse bleue et coiffé d'une casquette en peau de loutre.

— Contre ton ordinaire tu arrives le premier Jean Lessoufflé, où sont les camarades ?

— Père Brise-tout, je venons de les laisser au cabaret où ils achevissons une partie de boules. A cà, il y a donc de la *grinche* à bâcler que vous nous rassemblez à la *tôle* ce soir ?

— Sans doute, ne faut-il pas travailler pour vivre ? répond brusquement le capitaine Brise-tout.

— Travailler, bon pour les *faignians*, surtout quand j'avons encore en poche quelques écus, provenant du dernier coup. Oh ! fameux le dernier coup ! trente mille francs à partager entre quatre, vlà qu'est chouette ! vraiment il n'y a que depuis que j'avons l'avantage d'être conduits par vous, père Brise-tout, que je faisissons des coups semblables, ce qui me surprenons est que, vous ne soyez pas encore retiré des affaires, vous, vieux renard brisé dans le métier, qui ne se met en campagne que pour les grandes occasions, qui ne manque jamais son affaire, il est vrai que tombé une fois sur le grand *trimar* entre les griffes des chapeaux bordés, il vous a fallu perdre dix années à faucher au pré et cela, retardissont un peu la fortune d'un homme...

Oui, les galères, une marque infamante sur l'épaule, c'est ainsi qu'ils m'ont fermé le sentier de l'honneur, replongé dans le crime, lorsque repentant de ma première faute, je les suppliais de ne point me flétrir à jamais par un stigmate odieux, éternel! je leur disais d'échanger ces dix années de galères contre vingt années d'une simple détention, afin de me faciliter ensuite le moyen de devenir honnête homme. Rien, rien! ils m'ont brûlé la chair, m'ont enchaîné sur leurs pontons et ma peine achevée, va, tu es libre m'ont-ils dit, mais nous t'imposons pour demeure le théâtre de ton crime, garde-toi d'en franchir les limites. Les insensés! ils ne savent donc pas que le forçat est un être maudit, un lépreux à qui on refuse jusqu'à un morceau de pain, que, dans la nouvelle prison qu'ils lui imposent, c'est à qui le fuira, lui refusera du travail. Couvert d'opprobre, exténué par la faim, que faire alors ? briser son ban et courir au loin, recommencer une carrière de vols et de crimes. C'est ce que je fis et cependant, s'ils l'eussent voulu je serais devenu honnête homme !

Ces paroles venaient d'être prononcées par Brise-Tout, avec un accent de rage, de douleur, de désespoir; en parlant ainsi, son visage était enflammé, ses mains meurtrissaient sa poitrine.

— Honnête homme ! c'te bêtise, il n'y a pas seulement d'eau à boire dans ce métier là, honnête homme ! fi donc ! vive la *Grinche!* ainsi pensent tous les membres de la famille des Essoufflé, aussi, tous mes oncles se sont ils fait les uns huissiers, les autres procureurs.

Jean Lessoufflé fut interrompu dans cet endroit par l'arrivée de deux nouveaux personnages qui, munis d'une clé, s'introduisirent dans la chambre.

— Arrivez-donc lambins, est-ce ainsi qu'on se fait attendre lorsqu'il y a du travail !

— Voilà, voilà ! père Brise-Tout, point de colère, répond un grand chenapan à la mise fashionable, à la barbe de bouc.

— Assurez-vous si la porte est bien fermée, asseyez-vous ensuite, puis écoutez moi, dit Brise-Tout en emplissant les verres d'une main et tenant sa pipe de l'autre.

— Voilà capitaine, porte close, mouche absente, répondent les voleurs en venant prendre place à la table.

— Mes enfans, vous saurez qu'il me faut avant peu, deux cents mille francs…

— Bigre ! la somme est belle, fait Lessoufflé.

— Et pas facile à décrocher, répond à son tour un second voleur.

— Au contraire Bride-d'or, car je sais où me la procurer double, si vous consentez ainsi que par le passé, à me seconder de votre courage et de votre adresse.

— Quoi! quatre cents mille francs! fameux! vîte à l'ouvrage!

— Un moment Lagrinche, comme tu t'allumes mon garçon, sais-tu bien, qu'avant que je vous indique où se trouve placée cette riche mine d'or, qu'il faut toi Bride-d'or, toi Lessouflé et toi Lagrinche que vous me fassiez tous trois le serment de m'abandonner moitié de la somme et de vous contenter de deux cents mille francs.

— Cependant il serions juste que nous partagissions également, observe Lessoufflé d'un ton mielleux et en louchant deux fois plus fort.

— Chien que tu es, réfléchis donc que rien ne s'oppose à ce que je fasse le coup moi seul à ce que je garde la pelotte entièrement à mon profit, reprend Brise-Tout d'une voix furieuse.

— C'est juste, capitaine, n'écoutez pas ce cancre de Lessoufflé, vous savez bien qu'il n'y a pas chez lui plus de générosité que sur ma patte, dit Bride-d'Or.

— Un gueux fini, qui sans cesse chicane, quand vient le partage, un rapin, un crasseux enfin qui fait sa pelotte en sournois, dit aussi Lagrinche.

— C'est ça de la *jalouserie* parce que je sommes un garçon rangé, économe, qui voulions se retirer de bonheur des affaires et vivre de son petit revenu.

— Camarades, une fois pour toutes consentez-vous le coup fait, à m'abandonner deux cents mille francs ?

— C'est dit, capitaine à vous la somme, disent les trois voleurs.

— Sans regret?

— Sans regrets!

— Eh! bien donc dans deux heures à l'ouvrage.

La grinche est-elle facile?

— Rien de plus, un entresol sur le jardin; une chambre à coucher, un sécretaire à forcer et la maîtresse du logis au bal, Bride-d'Or travaillera avec moi. Lessoufflé et Lagrinche feront le guet.

— Accepté, mais le quartier, s'informe Lagrinche.

— Rue d'Astorg, faubourg saint-Honoré, répond Brise-Tout.

— Délicieuse rue, point de corps-de-garde! fait Lessoufflé en souriant.

— Ah çà en cas de malheur, souvenez-vous de vos sermens camarades, pas de dénonciation, la peine toute entière pour celui qui se laissera prendre.

— Convenu à chacun le prix de sa maladresse, dit Lagrinche en avalant là-dessus un verre de vin.

— Quand à vous père Brise-Tout, bien malin qui de nous autres vous dénoncerions, car ni vu, ni connu j'tembrouille, oh! vous êtes un vieux renard qui ne laissez rien deviner de vos affaires, dit Lessoufflé.

— Ne faudrait-il pas te rendre des comptes, mauvais bavard, afin que tu ailles livrer ma peau au premier limier de justice qui se rendra maître de la tienne.

— Non, pas capable capitaine, j'sommes trop délicat pour caponner ainsi, dam! c'est qu'au bout du compte, depuis trois ans bientôt que nous trimons ensemble, nous sommes encore mes camarades et moi à connaître votre véritable nom et votre demeure.

— Je conçois que c'est contrariant pour un curieux de ta sorte, mais souvenez-vous camarades de ce que je vous ai dit: le jour où l'un de vous aura découvert qui je suis, le nom que je porte, il y aura séparation éternelle entre nous.

— Très bien capitaine ! d'ailleurs qu'avons nous besoin de vous connaître autrement que comme un chef intrépide, brave, discret et généreux, répond Bride-d'Or en toquant son verre contre celui de Brise-Tout.

Encore un long entretien et la montre du chef venant à marquer minuit.

— En route ! de faire entendre ce dernier.

— Qui porte le monseigneur s'informe Lessoufflé.

— Moi répond Bride-d'Or.

— Et moi les fausses-clés.

— Et moi la lanterne sourde et le briquet, dit Lagrinche.

— Surtout camarades pas d'armes, pas de sang répandu, mais la fuite en cas de surprise.

recommande d'un ton sévère, le père Brise-Tout.

— Convenu, capitaine, enfin ainsi que ça s'est pratiqué lors de notre descente nocturne chez la dame Aspasie, celle aux trente mille francs, dit Lagrinche.

— Où le vieux portier de la maison a voulu nous arrêter au passage, rappelle Lessoufflé.

— Grâces aux ordres du capitaine, ce vieux cerbère en fut quitte pour quelques coups de poings et un bain dans le ruisseau, car il pleuvait fort alors.

— Partons, vous dis-je, bavards et que l'Enfer nous protége, fait entendre Brise-Tout.

Et les quatre bandits quittent leur repaire pour se diriger en toute hâte vers l'endroit désigné par leur chef.

C'était un bel hôtel que celui qui allait devenir le théâtre de l'aventure nocturne, et où les quatre associés couraient d'un pas rapide.

Arrivés à quelque distance de la maison, les industriels s'arrêtent et d'un regard vigilant, parcourent attentivement la rue déserte et silencieuse, puis la façade de l'hôtel où brille seulement une faible lumière à travers une des fenêtres du rez-de-chaussée.

Cette inspection faite, et à un signe de Brise-Tout, Lagrinche et Lessoufflé se séparent afin de faire le guet, et de prévenir leurs complices en cas d'événement. Brise-Tout et Bride-d'Or restés seuls, escaladent la muraille qui sépare le jardin de la rue, puis, à travers d'obscurs et épais bosquets gagnent une avenue de tilleuls qui les conduit au pied du bâtiment de l'hôtel.

— Voilà la persienne, la croisée qu'il s'agit d'ouvrir pour pénétrer dans la chambre à coucher où se trouve le secrétaire en question: Allons Bride-d'Or, à l'ouvrage et pour commencer prête-moi tes épaules, qu'elles me servent d'échelle pour atteindre ce balcon.

Ce n'est qu'à grand' peine que Brise-tout huché sur son compagnon, parvient à détacher sans bruit plusieurs lames de la persienne, cet ouvrage fait, le diamant de couper la vître, alors la main du voleur fait jouer l'espagnolette, puis Brise-tout et Bride-d'Or, s'introduisent dans une pièce obscure et isolée.

— Allume la lanterne, en avant le phosphore et depêchons, voilà déjà l'ouvrage à moitié fait.

— Hum ! mais une lumière peut nous trahir, capitaine.

— Impossible d'agir sans voir goutte, maudit capon, obéis et ne donne à la lanterne sourde qu'une lumière douteuse... Bien ! maintenant à la besogne contre ce meuble murmure à voix basse Brise-tout.

— Capitaine, vous connaissez bien les

êtres et les usages de cette maison, n'est-ce pas? vous êtes certain que dans les pièces voisines de celle-ci, aucun gardien ne peut donner l'allarme et faire main basse sur nous? dit Bride-d'or, très peu rassurée.

— Éclaire-moi donc, poltron, fait pour réponse Brise-tout, en train de faire jouer le monseigneur dans un joint de l'abattant du secrétaire. Bientôt un craquement sourd vibre dans la chambre, c'est le bois qui cède aux attaques réitérées de l'instrument, une minute encore et le meuble mis en pièces, permet à Brise-tout de plonger la main dans un profond tiroir d'où il la retire munie d'un porte-feuille qu'il met aussitôt dans sa poche.

— Filons, nous tenons le magot, s'écrie-t-il.

— Un instant, il y a peut-être autre chose à raffler encore, dit Bride-d'Or introduisant sa lanterne dans l'intérieure du meuble où il jette un regard curieux.

— Viens donc infernal cupide, le temps presse !

— En effet, il me semble entendre marcher dans la maison, vîte, de l'air, de l'air ! fait Bride-d'Or en suivant Brise-tout.

En un instant, les deux bandits ont atteint le jardin, franchi le mur, puis rejoint leurs camarades.

— Défilons, amis, le magot est à nous.

— Chouette, chouette ! vîte à la *tôle* ! afin de faire le partage entre quatre murailles, s'écrie Lessoufflé en se frottant les mains d'aise.

Et nos voleurs pressent le pas en se dirigeant vers le quartier Saint-Martin et la rue Maubuée. Arrivés et enfermés tous les quatre dans leur repaire, ils s'attablent, et trinquent gaîment en l'honneur de la réussite du coup qu'ils viennent de faire, et vantant l'adresse de leur chef, ils boivent à sa santé à sa conservation.

— Quand que nous partagerons s'informe Lessoufflé, impatienté de ne point voir le butin sur table.

— A l'instant même répond Brise-tout sortant le portefeuille de sa poche, l'ouvrant et en retirant une foule de billets de banque.

— Sapristi! quel fameux coup! dit Lessoufflé ne se contenant pas de joie et contemplant avec avidité les billets que le capitaine est en train de compter.

— Mille Dieux, le compte n'y est pas, nous sommes volés de cent mille francs camarades car il n'y en a que trois cents, fait entendre Brise-tout avec colère et en frappant du poing sur la table.

— C'est un petit malheur capitaine, répond Lagrinche en riant,

— Oui, car le coup est encore assez beau comme cela, fait à son tour Bride-d'or avec insouciance.

— Merci! vous appelez cela un petit malheur, vous autres de perdre cent mille francs excusez! pourquoi aussi, quand il se payons qu'il ne comptisse pas mieux que çà, le capitaine? dit L'essoufflé avec humeur

— Tais-toi crasseux, tu n'es pas honteux de dire des choses semblables? fainéant qu'est bon tout au plus à faire le guet, capon, qui se sauve au moindre bruit.

— Dis, dis tout ce que tu voudras Lagrinche, çà m'étion t'égal, mais ce qui me vexions c'est ces polissons de cent mille francs qui me passissions devant le nez.

— Camarades, voici le magot, prenez, et quoique la somme que je vous ai promise ne soit pas intact je ne vous en rappelle pas moins la condition à laquelle j'ai attaché l'exécution du coup, oui, je vous le répète, il me faut deux cents mille francs, me les refuserez-vous, lorsque j'étais maître de faire seul l'affaire et qu'en bon camarade j'ai préféré vous y associer ?

— A vous, deux cents mille, aux trois autres le reste, n'est-ce pas Bride-d'Or, répond Lagrinche.

— Accepté, fait le premier.

— Comment, comment ! en v'la du beau et du juste, c'est çà, le partage de Mongommery tout d'un côté et rien de l'autre, dit Lessoufflé.

— Tais-toi vilain, pour le peu que tu tienne à tes abattis. Capitaine, ce qu'est dit est dit, à nous cent mille, à vous le reste, fait Bride-d'Or en poussant vers Brise-tout; deux liasses de billets de banque, de chacune cent mille francs et s'emparant de la troisième qu'il s'occupe ensuite à partager en trois parts.

— Eh bien! es-tu content enfin Lessoufflé?

— Dam, faute de mieux, seulement, je serions curieux de savoir ce que le capitaine *prétendissons* faire d'un beure aussi *conséquent*: est-ce que par hazard il renoncısserait à la *grinche* et voudrions se retirer des affaires s'informe Lessoufflé d'un air tout patelin.

— Eh! que t'importe animal l'emploi que je désire faire de cet argent, t'ai-je jamais, sac à vin, demandé compte de tes actions, s'écrie Brise-tout, d'un ton furieux, en fixant Lessoufflé avec mépris.

— Ne vous fâchez pas capitaine, ce que j'en disions n'était que par pure plaisanterie une aimable facécie.

Séparons-nous enfans, à une autre fois,

bientôt peut être, surtout ne négligez pas de venir chaque jour. regarder sur la muraille de cette maison, si j'y ais tracé la petite croix blanche qui depuis cinq ans est pour nous un signe de ralliment pour le jour même. N'oubliez pas encore, que tant que ce signal ne vous sera pas apparu, qu'en'importe en quels lieux le hasard nous mette en présence l'un de l'autre, que nous ne nous connaissons pas.

— Convenu, capitaine.

— Quant à toi Lessoufflé, que la nature à fait plus bête q'une oie, plus ivrogne qu'un Bacchus, prends garde dans les orgies où vont t'entraîner tes habitudes et ton argent, de trop bavarder et de *manger le morceau,* songe qu'il ne s'agit pas du correctionnel cette fois, mais bien de la cour d'assise, pour la gentillesse dont tu viens d'être acteur et complice ce soir, peccadille qui ne manquera pas de faire du bruit dès demain par la ville et pour laquelle on va mette toutes les mouches à notre piste.

— Sufficit capitaine, répond Lessoufflé,
Et la séance d'être levée.

VI

UNE VISITE INATTENDUE.

Depuis plus de quinze jours l'émeute avait cessé d'ensanglanter la capitale, d'alarmer les gens honnêtes et paisibles. La fermeté du gouvernement, le dévoûment le courage de la garde nationale, celui de nos braves soldats avaient refoulé l'hydre des revolutions : Paris respirait enfin. La confiance, le commerce avaient repris leur essor. En ce temps donc, et par une belle matinée, un riche et brillant équipage venait de s'arrêter à la por- de la caserne du faubourg Saint-Martin, occupée par la garde municipale; une dame élégante et jolie, âgée d'à peu près vingt-cinq ans, aux cheveux châtains, au regard modeste, descendit de cette même voiture, accompagnée d'un monsieur d'un âge mûr, à la chevelure argentée, à la figure vénérable. Ces deux personnages se dirigèrent aussitôt vers la demeure du concierge de la caserne, et demandèrent à parler au colonel qu'on leur avait assuré être à cette heure au quartier. Plus loin, dans une cour du fond de cette caserne s'entendaient des chants joyeux ; c'étaient quelques bons enfans, des farceurs du régiment, qui, à la cantine, festoyaient un déjeuner d'amis autour d'une table couverte de nombreux flacons, et cela en l'honneur d'une prise de galons du grade de brigadier, accordé à l'un de leurs camarades.

— Allons! encore une fois, à la santé du brave et loyal Michel, notre nouveau brigadier, s'écriait un vieux grognard à longues moustaches, à la trogne enluminée, levant son verre et trinquant avec Michel qui, le sourire sur les lèvres, pressait avec satisfaction, cordialité, la main de ses nombreux amis.

— Oh! ce galon t'était dû, Michel, et depuis longtemps à toi l'honneur du régiment; mais vois-tu, il y en a tant de braves, de bons enfans dans notre corps, que nos chefs se trouvaient fort embarrassés de savoir à qui donner la préférence; il ne fallait pas moins que ta belle conduite lors des émeutes dernières pour emporter d'emblée le grade laissé vacant par la mort d'un de nos camarades.

— Oui, ce bon Giroux ! tué par la balle d'un républicain, et mort dans mes bras en pardonnant à son meurtrier, répond Michel en soupirant.

— V'là qu'est drôlement embêtant, après avoir ainsi que Giroux bravé les boulets autrichiens, et russes durant vingt années, de venir mourir de la main d'un Français, d'un étourdi; et cela, dans sa ville natale, dans ses foyers, observe un des convives.

— Amis ! Giroux laisse une femme, deux enfans en bas-âge, tout cela vient de faire une grande perte dans un époux, un père, cette famille n'est pas riche; eh bien ! suivez mon avis : engageons tous les camarades du quartier à abandonner ainsi que nous, quinze jours de paye dont nous ferons présent du montant à la veuve.

— Bonne idée que tu as là, Michel, elle est digne de toi : à ta santé, mon brave, nous adoptons à l'unanimité !

— Hé ! Cantinier, du vin pour arroser une bonne pensée et du chouette ! mon vieux, demande un camarade.

— Gaspard, veux-tu donc me faire perdre la tête à force de boire ? dit Michel en riant et levant son verre que Gaspard remplissait à chaque instant.

— Ah ! c'est que nous ne sommes pas fâchés tous tant que nous sommes ici, vois-tu Michel, de te voir une fois heureux et gai comme tu l'es aujourd'hui, toi qui parais si souvent chagrin, qui soupires comme une tragédienne du théâtre français, reprend Gaspard.

— Ah dam ! ce pauvre Michel, c'est qu'il est amoureux, je sais ça moi...

— Bidoux, si tu as surpris mes secrets,

garde-les pour toi, fait Michel avec sévérité.

— Bah! il est donc amoureux Michel? s'informe Gaspard en bourrant sa pipe.

— Et oui, d'un joli brin de fille encore, bien modeste, bien éduquée, mais peut-être trop huppée pour devenir la femme d'un simple brigadier.

— Michel, c'est des bêtises dans notre état vois-tu, de s'amouracher d'une fille du grand monde; ça ne peut que nous occasionner des tribulations et pas un brin d'agrément : à preuve Giboteau, un maréchal des logis du quatrième chasseurs à cheval, un homme superbe, taillé dans ton genre, bon enfant comme toi, eh bien! ce farceur-là ne s'était-il pas avisé de reluquer la fille du gros major, à en devenir amoureux comme une bête! qu'en est-il résulté? C'est que repoussé avec perte, vexé par le papa, dédaigné de la demoiselle, le pauvre Giboteau n'a rien trouvé de mieux pour finir son roman que de se faire sauter la cervelle d'un coup de pistolet.

— Merci de l'avertissement, mon cher Gaspard; mais celle que j'aime n'est point d'un rang assez élevé pour que je ne puisse prétendre à sa possession, si j'avais le bonheur de lui plaire, ajoute Michel en soupirant.

—Quoi donc, quoi donc! est-ce que par hasard il existerait une mijaurée capable de repousser les hommages d'un gaillard de ton espèce?

— Hélas! oui, car un gaillard de mon espèce, peut quelque fois arriver trop tard.

— Mille dieux! pour rabattre la fierté d'une telle péronelle, je voudrais qu'une princesse se prît d'une belle passion pour toi, un jour de grande tenue, et qu'elle te demandât à devenir ta légitime, dit Bidoux en cognant sur la table,

— A propos! as-tu entendu parler de ce vieux bonhomme à qui tu as sauvé la vie lors de l'émeute dernière? s'informe Gaspard en lâchant force bouffées de fumée.

— Aucunement répond Michel avec indifférence.

—Ce bourgeois t'a donné, dit-on son adresse pourquoi ne vas-tu pas en passant, lui faire une petite visite, peut-être t'exprimerait-il sa reconnaissance autrement que par des paroles, dit Gaspard.

— Je ne comprends pas comment il pourrait me l'exprimer autrement répond Michel.

— Parbleu, par quelque politesse, un cadeau.

— Dieu merci! je ne l'ai point obligé par intérêt, aussi, je le tiens tout-à-fait quitte.

L'entretien fut interrompu par le rappel que sonnait le trompette.

— Qu'est-ce cela, comment un rappel à cette heure? observe Bidoux en prêtant l'oreille.

— Oui, un ordre du colonel, d'aller à l'instant même passer une inspection dans la cour, dit le trompette en entrant dans la cantine.

— En grande ou petite tenue?..

— N'importe, car il s'agit seulement de montrer nos visages afin qu'il soit possible de reconnaître parmi nous, celui que demandent à voir deux personnages de la haute, arrivés il y a une heure au plus à la caserne.

— En avant donc! afin de revenir plus vîte nous remettre à table, dit Gaspard, en éteignant sa pipe et se levant ainsi que ses camarades.

Tous les gardes présens en cet instant à la

caserne, d'aller se ranger sur plusieurs files dans une immense cour, puis le colonel apparaît, accompagné du vieillard, dont nous avons annoncé l'arrivée au commencement de ce chapitre, et parcourent ensemble les rangs, le vieillard surtout en fixant attentivement le visage de chaque militaire, et s'arrêtant subitement devant Michel.

— Le voilà, mon sauveur, mon ami s'écrie-t-il en saisissant la main du jeune homme et la lui serrant avec enthousiasme.

— Brigadier Michel, j'aurais gagé que c'était vous que demandait monsieur, veuillez nous accompagner chez moi, dit le colonel.

Alors le vieillard passe son bras sous celui de Michel, l'entraîne sur les pas du chef qui se dirige vers sa demeure.

— Vous reconnaissez le vieux Norbert, n'est-ce pas mon jeune ami? celui que vous avez si généreusement arraché il y a quinze jours, lors de la dernière émeute, des mains des malfaiteurs qui en voulaient à sa vie?

— Oui monsieur, je vous remets parfaitement.

— Aussi noble que brave et généreux, vous avez refusé de venir recevoir les remercimens de vos obligés, c'est juste! car c'était à eux de se rendre près de vous pour vous exprimer leur reconnaissance, n'accusez donc que le mal qui m'a retenu sur un lit depuis que nous nous sommes vus, du retard que ma fille, la baronne de Valberg et moi, avons apporté à venir vous remercier et faire plus ample connaissance.

— En vérité monsieur, vous attachez beaucoup trop d'importance à un service tout naturel et que me commandait le devoir.

— Oh ! je m'attendais à cette observation les gens comme vous, jeune homme, font toujours la modestie , compagne de leurs belles actions, mais nous autres têtes allemandes, nous sentons vivement tout ce qu'un service mérite de reconnaissance, aussi dès le jour que vous secourûtes le vieux Norbert, vous avez dû compter dans sa fille et lui, deux amis véritables.

— Quoi, un soldat, un simple brigadier, l'ami d'un baron, d'une baronne, mais vous n'y pensez pas monsieur, beauconp trop d'honneur en vérité! répond Michel en souriant.

Ce peu de mots s'était dit dans le court espace de temps nécessaire pour franchir le chemin de la cour au logement du colonel, chez qui, en entrant, Michel vit venir à lui une femme svelte et charmante qui s'empressa de saluer en rougissant.

— Michel, voici madame la baronne de Valberg, veuve d'un ancien militaire, d'un de mes amis, qui vient ici pour remercier celui à qui elle est redevable de la conservation des jours d'un père adoré, dit le colonel, puis reprenant : on ne m'avait pas fait connaître ce noble trait de votre part, Michel, sans monsieur de Norbert qui vient de m'en instruire, je l'ignorerais encore, c'est qu'apparemment vous étiez seul témoin de votre noble conduite, c'est bien Michel de joindre ainsi l'humanité à la bravoure; vrai ! je suis fier de commander un régiment où l'on rencontre des hommes tels que vous.

— En vérité, mon colonel vous me voyez tout honteux des louanges dont vous et monsieur Norbert, daignez m'honorer... répond Michel avec embarras et les yeux baissés.

— Ma bouche, monsieur, est jusqu'alors restée muette et cependant mieux que tout autre je sens et recueille tout le prix de votre générosité, je vous dois la vie, la conservation de mon père, monsieur, c'est vous dire que toute ma reconnaissance vous est acquise, fait entendre la baronne d'un accent aussi doux qu'agréable en fixant ses beaux yeux sur Michel qui en cet instant est plus rouge qu'un coq de bruyère.

— Beaucoup trop d'honneur madame, balbutie notre héros, confus et embarassé.

— Il s'agit de vous mettre à votre aise avec vos amis, Michel, de venir le plutôt possible les visiter, mais les visiter souvent, de partager leurs plaisirs, leur intimité, leurs peines même s'il plaisait au ciel de leur en envoyer reprend monsieur de Norbert.

— Même de venir demain prendre part à la petite fête que je donne en faveur de la convalescence de mon père, monsieur.

— Impossible! madame, malgré toute ma soumission à vos volontés, mais un soldat serait déplacé dans votre salon, parmi le monde que vous y admettez.

— Ta! ta! ta! ta! tout cela est fort beau, mais il y a abus de modestie; jeune homme, point d'excuse, songez que je vous attends demain, pour dîner ensemble à six heures précises, en ma demeure de la rue Saint-Florentin, n. 17, et surtout! gardez-vous de me faire faux-bond. Colonel, ajoute monsieur de Norbert en se tournant vers ce dernier, vous savez que vous être des nôtres alors je vous recommande de m'amener ce récalcitrant, d'employer toute votre autorité à son égard.

— Je vous réponds de sa présence, quand je devrais pour plus de sûreté, le consigner au quartier jusqu'au jour et l'heure de nous rendre à votre aimable invitation.

— Nous ne pensons pas qu'il soit nécessaire d'en venir à tant de rigueur, lorsque monsieur Michel saura que son absence à cette fête, serait pour nous un sujet de peine et de regrets, dit madame de Valberg.

— S'il en est ainsi madame, j'aurais grand tort de refuser davantage, répond le jeune homme.

— Merci mon enfant, mon Amélie, car c'est à toi que je suis redevable de sa soumission à nos désirs, dit monsieur de Norbert en baisant la main de sa fille.

Encore quelques instans d'entretien, puis le baron, la jolie veuve se retirent, heureux du résultat de leur démarche à la caserne.

— Que cette femme est belle, comme elle paraît être bonne; beauté, grâce et richesse! oh! que d'avantages pour rendre un homme le plus heureux de tous, oui, mais Pauline possède aussi tout cela se disait Michel après avoir reconduit ses nouveaux amis jusqu'à leur voiture et retournant rejoindre ses camarades à la cantine.

VII

MADAME GANOCHE.

C'était un après-diner, madame Germain assise près d'une fenêtre tricotait en silence répondait oui et non de la tête, aux nombreuses pensées, réflexions qui venaient l'assaillir; non loin d'elle, Pauline les yeux rouges, humides. le visage pâle comme un lys, tenait son front tristement appuyée sur sa main et laissait de son sein, s'échapper d'instant en instant de douloureux soupirs.

— Toujours inconsolable donc, mon enfant? dit madame Germain en laissant tomber son ouvrage sur ses genoux et fixant la jeune fille avec pitié, intérêt.

— Hélas bonne mère, comment le chagrin n'augmentait-il pas lorsque l'espérance nous abandonne !

— Patience, patience ma chère petite, Pierre Renaud ne nous a pas fait une vaine promesse et l'argent applanit bien des obstacles.

— Oubliez-vons donc que c'est dans six jours que M. de Viguerie se marie?

— Je le sais, mon enfant, aussi j'enrage de ne point voir arriver notre protecteur, ce cher Pierre, qui jamais ne nous donna une vaine espérance.

— Ah! s'il allait venir trop tard, j'en mourrais ma bonne mère! répond Pauline en sanglottant.

— Vois, malheureuse enfant, que de chagrins, d'inquiétudes te réservait ta faute. Ah! Pauline, j'avais bien jugé cet Édouard ou plutôt ce Félix de Viguerie, lorsque jadis je lui interdis l'entrée de notre demeure, cela afin de conserver l'honneur de la jeune fille qui m'était confiée; et cependant tu blâmas ma sévérité, mes soupçons que tu taxais d'injustice.

La jeune fille de ne répondre que par des larmes à ces justes reproches et d'aller cacher sa douleur et sa honte dans la solitude de sa chambrette, en entendant la sonnette annoncer une visite.

Madame Germain va ouvrir, et recule de

surprise et de joie en reconnaissant dans le visiteur, Pierre Renaud que depuis huit jours elle attendait en vain.

— Vous mon ami? fait la vieille dame.

— Oui, moi, ne vous avais-je pas annoncé ma prochaine venue?

— Hélas! Pierre, elle s'est bien fait attendre, car notre pauvre enfant meurt chaque jour de douleur; asseyez-vous, Pierre, et avant d'appeler notre Pauline, dites-moi si vos espérances se sont réalisées, s'il est encore du bonheur à espérer pour elle?

— Attaquez-donc franchement la question mère Germain, et demandez-moi si j'apporte une dot à ma fille?

— Et bien, oui, Pierre, voilà ce que je je brûle de savoir.

— J'ai compté ma caisse, brave femme, et je me suis convaincu que, sans trop l'apauvrir, je pourrais en extraire un couple de 100,000 francs en faveur de Pauline.

— En vérité Pierre, quoi, vous êtes aussi riche que cela? dit la vieille dame, en ouvrant de grands yeux qu'elle fixe sur le marchand forain.

— En doutez-vous? Alors voyez et comptez ce que renferme ce livre entre chaque feuillet duquel, j'ai placé un billet de banque, répond Pierre Renaud en présentant l'objet.

— Grand Dieu! que de richesses! je n'en ai jamais tant vu, puissent-elles faire le bonheur de notre enfant, puisse la tante de notre séducteur, trouver cette somme suffisante, quoique étant d'une moindre valeur que celle qu'elle destine à son neveu.

— Ainsi soit-il! dame Germain, car s'il en était autrement, il me faudrait quitter la partie et engager Pauline à se consoler avec un autre amoureux.

— Je vous comprends, Pierre, vous ne pouvez tout donner à l'un et rien à l'autre, il faut conserver aussi la part de Coco, de votre second enfant.

— C'est cela même, mais en attendant que je lui compte une dot, je crois, dame Germain, qu'il serait important de faire apprendre un métier à ce jeune drôle, car enfin, je puis être ruiné, mourir un jour loin de vous.

— Allons donc, Pierre! pas de pareilles pensées. Faites mieux, mon ami, et puisque vous jouissez d'une aisance que j'étais loin de vous soupçonner, quittez le commerce venez vivre avec nous et faites-vous connaitre à vos enfans.

— Pas encore dame Germain, pas encore.

— Ah! Pierre quel singulier homme vous

faites! vrai, je ne comprends pas ce caprice de vivre ainsi éloigné de ce qui vous est cher, de vous priver du doux plaisir de recevoir le doux nom de père et les caresses dues à ce titre puissant.

— Assez, assez! dame Germain, parlons d'autres choses, répond Pierre Renaud d'une voix émue, en se retournant pour essuyer en cachette une larme qui vient rouler sur sa paupière.

— Voulez-vous que j'appelle Pauline, Pierre?

— Non, pas avant de nous être entendus sur une démarche que vous allez faire au plus vîte, demain par exemple, près de la tante de ce Félix de Viguerie.

— Volontiers, mais comment aborderai-je cette dame, quel prétexte prendrai-je?...

— Celui de porter plainte sur la conduite de son neveu, et demander réparation de l'honneur de votre pupile.

— Très bien! j'y suis maintenant, mais la demeure de cette dame, je l'ignore.

— Moi de même, répond Pierre Renaud après un instant d'hésitation.

— Ah! j'y pense, le voisin Mitonet me l'indiquera.

— Bravo! Quant à moi, c'est ici que j'attendrai les résultats de cette démarche.

—Dieu veuille qu'ils soient selon nos désirs mon cher Pierre, dit madame Germain, en levant les mains jointes vers le ciel et avec l'expression du doute.

Ces choses dites, Pierre Renaud suivi de la vieille dame, passe chez Pauline, embrasse la jeune fille avec tendresse, lui fait entendre des paroles consolantes, et rentrer l'espérance dans son cœur ulcéré. Ce fut là que le marchand forain passa la soirée entière, près de sa fille, de Coco, dont il ne se sépara que fort tard avec promesse de revenir les voir le lendemain. La nuit, puis la matinée, alors madame Germain se pare de sa plus belle toilette, annonce à ses enfans une absence de quelques heures et part sans les instruire du sujet de sa sortie malgré les nombreuses et importunes questions de Coco. La voilà donc après un instant d'entretien avec M. Mitonet, se dirigeeant vers les boulevards, ou elle prend une voiture de place et elle ordonne au cocher de la conduire rue d'Astorg quartier Saint-Honoré, Après une demi-heure de marche, le fiacre s'arrêtait dans la rue indiquée à la porte d'un joli hôtel.

— Madame Ganoche? s'informe au concierge madame Germain.

— Passez au vestibule, la femme de chambre vous annoncera.

Et sur la réponse de cet homme, la vieille dame traverse la cour, pénètre dans la maison.

— Madame Ganoche, s'il vous plaît? Un instant d'attente puis, madame Germain conduite par la chambrière à travers une longue file d'appartemens, est introduite dans une élégant boudoir où sur une chaise longue, elle aperçoit la maîtresse du lieu, grosse femme à la face commune, barbouillée de rouge et de tabac, et qui, à son entrée, répond à son salut par un coup de tête des plus sans gêne.

— Quoi! qu'est-ce que vous me voulez brave dame! fait entendre madame Ganoche d'une voix enrouée.

— Je désire avec vous un instant d'entretien particulier, répond la visiteuse d'un ton modeste et poli

— *Sapristi!* ma chère, c'est que je ne me sens guère en train de bavarder, malade comme je suis et après la bigre d'affaire qui vient de m'arriver, répond madame Ganoche d'un ton brusque et en plongeant ses doigts dans une immense et profonde tabatière d'or.

— J'abuserai peu de votre attention madame.

— Au fait ! çà me distraira de vous entendre, allons, *assissez* vous là et baclez-moi ce que vous avez à dire ; au surplus, vous me faites l'effet d'être une brave femme, très bien éduquée et ça parle en votre faveur.

Madame Germain sourit à ces paroles, s'assoit à la place que vient de lui indiquer près d'elle madame Ganoche.

— Voulez-vous prendre quelque chose, hein, du café, la goutte, voyons, sans façon, parlez, faites-vous servir ?

— Merci madame, de votre obligeance.

— A ça ne faites pas la bégueule au moins je n'aime pas ça.

Madame Germain refuse une seconde fois et pressée d'aborder le sujet qui l'amène commence ainsi:

— Vous excuserez madame une pauvre femme qui vient près de vous faire entendre des plaintes, et porter une pénible accusation...

— Ah bah! est-ce que par hasard vous venez me dénoncer les f..... gueux qui ont dévalisé mon secrétaire il y a quelques jours et m'ont emporté trois cents mille francs, les trois quarts enfin, de la dot que je réservais à mon neveu? interrompt la dame avec vivacité.

— Non madame, non, car j'ignorais que cet affreux malheur vous fût arrivé, malheur, dont je vous plains sincèrement.

—Il y a de quoi sapristi! car de ct'affaire-là, v'là le mariage de mon neveu Félix à tous les diables, de ce que je n'ai pas envie du tout, d'engager mon bien pour lui recomplèter une dot. Mais continuez brave femme, voyons, de quoi avez vous à vous plaindre.

— De votre neveu, Félix de Vignerie, qui oubliant l'honneur, foulant à ses pieds le repos d'une famille est venu séduire, déshonnorer ma fille adoptive.

— Ah! ce polisson! comment il a fait cette farce là? ces diables de garçons, ça fait toujours des bêtises, à çà est-ce que la petite est grosse?

— Oui madame, répond madame Germain avec un timide embarras,

— Mon neveu est un vrai galopin, dont je commence à être lasse par dessus tout, un dépensier, un coureur de cotillons, qui n'a pour moi ni prévenance, ni égards, un drôle que je deshériterais enfin, si je savais à qui laisser mon bien. Allez brave femme, ne le désirez pas pour le mari de votre fille car la malheureuse en verrait de cruelles.

— Cependant madame, l'honneur de mon enfant demande réparation, elle aime votre neveu, lui-même consent à l'épouser si vous daignez consentir aussi à cette union.

— C'est fort beau tout ça, mais pour faire ce mariage, il faut des dots et je vous répète que celle de Félix vient de m'être volée, ce qui ne laisse pas d'être fort embêtant en ce que ça fait manquer à ce garçon un superbe mariage que j'avais manigancé pour lui ; oui, apprenant le malheur qui nous est arrivé, M. Picot, le père de la prétendue, s'est hâté, comme un polisson qu'il est, de retirer sa parole à moins que je ne consente à recompléter la dot ; et franchement, je ne suis pas assez satisfaite de mon neveu pour faire un semblable sacrifice en sa faveur.

— Veuillez donc alors, madame, consentir à ce qu'il devienne l'époux de ma Pauline et qu'il donne un père à l'enfant qu'elle porte dans son sein.

— Fort bien! mais encore, qui est-elle vot' fille? a-t-elle des écus, une famille?

— Pauline apporterait à monsieur votre neveu, 200,000 fr. comptant.

— Dam! c'est quelque chose, maintenant que Félix n'en possède plus que 100,000 que les voleurs ont sottement oublié d'emporter. Maintenant, de qui est-elle fille vot' Pauline?

— D'un honnête marchand forain.

— C'est un peu rococo, mais assez pour devenir la femme du neveu d'une ancienne vivandière de la grande armée, veuve en ce jour d'un ci-devant fournisseur des vivres, répond madame Ganoche en aspirant une forte prise.

— Que puis-je espérer, madame, de votre justice? reprend madame Germain, en fixant sur l'ex-vivandière d'un regard inquiet.

— Dam ! que je consens volontiers à ce mariage si Félix le veut aussi ; ce dont nous allons nous assurer à l'instant.

Cela disant, la dame agite le cordon d'une sonnette :

— Voyez si Félix est chez lui, et *disez-lui* de venir me parler tout de suite, fait entendre madame Ganoche au domestique qui se présente.

Un instant d'attente, puis le jeune homme arrive en fredonnant, puis reste muet de surprise en reconnaissant madame Germain dans la femme qu'il trouve assise près de sa tante et qu'il salue avec embarras.

— Viens ici vaurien ! c'est donc toi qui s'amuse à faire des enfans aux filles, mauvais drôle ?

— Oui ma tante.

— *Sufficit,* gamin, or sus, comme il faut être honnête homme, tu vas prendre pour femme la fille de madame, qu'elle dit gentille et bien éduquée.

— Pauline est aussi belle que grâcieuse, ma tante, mais je n'ai plus de dot, vous le savez !...

— La petite t'apportera 200,000 fr. quand à moi, en faveur du désintéressement de cette bonne dame qui veut bien te donner sa fille quoique tu ne possèdes plus grand chose je consens à ajouter 50,000 aux 100,000 qui te restent, à la condition, cependant, qu'une fois marié, tu seras sage, rangé, que tu feras un bon mari.

— L'amour que je ressens pour Pauline, ma chère tante, vous est un sûr garant de ma conduite à venir.

— Souvenez-vous de votre promesse, monsieur, faites que ma fille, devenue votre épouse, soit aussi heureuse qu'elle fut à plaindre lors de votre froid abandon, dit madame Germain avec sévérité.

— Je sais, madame, que j'ai des torts à réparer.

— A ça, je veux connaître cette petite, il faut me l'amener aujourd'hui même, de plus presser ce mariage vu que ces étourdis ont commencé le roman par la queue et que la taille doit commencer à s'arrondir.

— Pauline, madame, se fera un devoir de venir vous saluer.

— J'y compte, de même sur la visite de son père, car enfin, il est nécessaire que je le voie aussi ce brave homme dont j'ignore encore le nom.

— Pierre Renaud, madame, répond madame Germain.

— Je croyais que cet homme n'était que l'ami de la famille? observe Félix avec surprise.

— Lui-même vous instruira des motifs qu l'ont forcé a cacher son titre de père.

— C'est dit ! il nous contera ça le cher homme, moi aussi, je lui conterai mes aventures, mon premier mariage avec Denis dit fleur d'amour, le plus brave grenadier de la grande armée, tué sur le champ d'honneur à la prise de Smolensk.

Encore un long entretien et madame Germain pressée de porter une bonne nouvelle à Pauline, prend enfin congé de l'ex-vivandière et du neveu dont elle vient de refuser la conduite jusque chez elle, envieuse qu'elle est de pouvoir, sans témoins, raconter à Pierre Renaud, à Pauline, les détails et résultats de sa démarche. Or donc ! grande joie de la part de Pauline qui pleure et sourit à la fois en écoutant le récit de madame Germain. Non, elle ne peut croire à tant de bonheur, que ses chagrins soient finis et dans son ivresse, ce sont les mains de son bienfaiteur, de l'homme généreux qui daigne la doter, plus, celles de la vénérable vieille dame, qu'elle baise et mouille de larmes de joie et d'attendrissement.

— Ah! elle a consenti cette femme? Allons tant mieux, tant mieux, puisque ce mariage doit faire ton bonheur, ma Pauline, dit Pierre Renaud en rendant à la jeune fille caresses pour caresses.

— Oui, elle accepte Pauline pour la femme de son neveu, mais il faut rendre grâce de cette condescendance à la disparution de la dot de ce même neveu dont les voleurs, après s'être introduits la nuit par escalade dans l'hôtel, se sont emparés, il y a de ça plusieurs jours.

— A quelque chose, malheur est bon; car sans cet accident, ma pauvre enfant, ces riches orgueilleux auraient certainement refusé l'alliance qu'ils acceptent aujourd'hui, fait entendre Pierre Renaud en accompagnant cette observation d'un sourire malicieux.

— N'importe, cette union que l'honneur exige, que tu désires si ardemment Pauline, est loin d'être de mon goût, de me tranquilliser sur ton sort.

— Pourquoi donc, mère Germain, voyons expliquez-nous celà? interroge Pierre Renaud brusquement.

— C'est qu'au dire de sa tante même, monsieur Félix de Viguerie est un dissipateur un homme dépourvu de qualités solides.

— Bah! une tête écervelée comme tous les jeunes gens... Cependant, gare à lui s'il rendait jamais ma fille malheureuse, s'écrie Pierre Renaud en faisant un geste menaçant, en donnant à sa figure une expression de haine et de fureur.

— Votre fille ! oh ciel ! qu'avez-vous dit bon Pierre ? fait Pauline frappée de la dénomination que vient de lui appliquer le marchand forain, vers qui elle attache en ce moment un regard rempli de la plus vive émotion.

— Eh bien ! je ne me dédis pas, car c'est la vérité, oui, toi, mon petit Coco, vous êtes mes enfans bien aimés.

— Oh ! bonheur, mes doutes sont donc réalisés, vous êtes mon père ! s'écrie la jeune fille en tombant dans les bras de Pierre Renaud.

— Bien Pierre, il y a longtemps que je désirais cet aveu de votre bouche, cette preuve de confiance envers vos enfans.

— Mon père, mon bon père, pourquoi nous avoir fait un si long mystère de notre naissance ?

— Pauline, ce n'est point sans de fortes

raisons que je me suis vu forcé d'en agir ainsi ; mais pas davantage de questions ma fille, respecte le secret de ton père.

— Et notre mère ? reprend Pauline avec attendrissement.

— Morte, lorsque vous étiez enfans, morte de douleur..... et de honte! achève intérieurement Pierre Renaud d'une voix attérée en se poignant la poitrine.

— Hélas! soupire la jeune fille les yeux baissés.

— Pierre on vous réclame chez madame Ganoche, on désire vous y connaître, dit madame Germain interrompant les sérieuses pensées auxquelles Pierre Renaud semble se livrer.

— Que m'importe! je n'irai pas! qu'ai-je besoin chez cette femme ?

—Pierre, il m'a fallu avouer, d'après votre

permission, que vous êtes le père de Pauline.

— Fort bien, je signerai au contrat, mais qu'on exige rien de plus.

— Quoi mon père, vous ne conduirez pas votre fille à l'autel ?

— Dame Germain, dans tout cela continuez à servir de mère à ma fille, arrangez noce et mariage comme vous l'entendrez; quand à moi, je vous le répète, je ne paraîtrai que pour signer, après les autres encore, maintenant qu'on cesse de me questionner, de me fatiguer par une vaine curiosité ! dit Pierre Renaud avec emportement en se levant et s'emparant de son chapeau.

— Pardon, mon bon père, fait Pauline effrayée en pressant la main du marchand forain.

— Cependant mon ami, que répondrai-je

lorsqu'on s'inquiétera de votre absence? interroge madame Germain.

— Que mes affaires prenent tout mon temps, que je suis en voyage, enfin ce qu'il vous plaira.... Au surplus, reprend Pierre Renaud après un instant de réflexion, je me déciderai peut-être à faire une visite à cette dame Ganoche, que vous dites être une assez bonne diablesse... oui... annoncez lui ma prochaine venue.

— Pierre, vous reverrons-nous bientôt ? s'informe la dame en voyant le marchand forain se disposer à les quitter.

— Dans deux où trois jours, si le sort le permet, cela afin que vous m'instruisiez de l'époque que vous aurez fixé pour le mariage, et prendre note du trousseau de la mariée.

VIII

UN BAL.

Michel, peu initié aux usages du grand monde pensait qu'il serait du mauvais ton de de se faire attendre et que la politesse exigeait qu'il se présentât chez ses nouveaux amis, une heure au moins, avant celle du dîner; dans cette persuation, notre jeune militaire qui ce jour, avait encore raffiné sa bonne tenue, soigné sa toilette et l'épée de sous-officier au côté, se présenta donc sur les cinq heures du soir, chez M. de Norbert où un valet après avoir entendu son nom, se hâta d'aller l'annoncer.

Ce ne fut pas sans éprouver une vive émotion inspirée par la timidité, que Michel précédé par le valet, traversa une foule de pièces plus richement meublées les unes que les autres, jusqu'à ce qu'il eût atteint un charmant salon où il trouva la jeune baronne de Valberg seule et devant son piano.

— Vous! monsieur Michel? merci cent fois de votre obligeance à se rendre aux vœux de vos amis, je craignais que vous conformant à la sotte étiquette, vous n'arrivassiez à la même heure que les convives que nous recevons aujourd'hui, asseyez-vous monsieur Michel et causons en attendant le retour de mon père, l'arrivée de notre société, dit Amélie de Valberg du ton le plus gracieux, en venant à la rencontre du jeune homme, qu'elle fait ensuite asseoir près d'elle.

— Bon! déjà une brioche, celle d'être arrivé trop tôt, pensait en lui-même Michel; mademoiselle, répond-il en s'efforçant de se donner un beau maintien et gâtant par cette afféterie sa grâce, sa tournure naturelle, mademoiselle je vous dérange peut-être?

— Non, monsieur Michel, au contraire je suis charmée de vous voir.

— Vous êtes trop polie mademoiselle.

— Mais monsieur, je suis dame et veuve depuis deux ans.

— Ah! c'est juste mademoi... madame! votre jeunesse me le faisait oublier.

— Et vous, monsieur, êtes-vous encore garçon?

— Oui madame.

— Vous disposez-vous à quitter bientôt cet état?

— Je ne le pense pas.

— Auriez-vous de la répugnance pour le mariage.

— Non, mais je ne contracterai cet acte important et sérieux qu'avec la femme selon mon cœur, celle enfin que j'aimerai, dont je serai aimé.

— Vous pensez sagement, monsieur Michel. De quel pays, êtes vous, continue la jeune baronne.

— Je l'ignore madame.

— Par exemple! fait la dame en souriant.

— Ce n'est que trop vrai, hélas! enfant orphelin, confié dans les neiges de la Moscowa, au milieu d'un désert de glace et par une mère expirante, aux soins d'une bonne vivandière, j'ignore mon vrai nom, ma véritable patrie.

— Pauvre jeune homme! soupire Amélie, en fixant sur Michel un regard où se peint le plus vif intérêt.

— Y a-t-il longtemps que vous êtes militaire?

— Depuis l'enfance, que ma mère adoptive, cette excellente Catherine la vivandière me voua à ce noble état.

— Monsieur Michel, consentiriez-vous à le quitter, pour accepter un emploi honorable et lucratif, celui par exemple de régisseur d'un beau domaine situé en France, dont mon père et moi faisons l'acquisition en ce moment?

— Non madame, car j'aime mon état; ensuite, je craindrais de ne point avoir toutes les capacités nécessaires pour remplir convenablement l'emploi que vous daignez me proposer aussi généreusement.

— Malgré tout le regret que m'inspire votre refus, monsieur Michel, je ne me tiens pas encore pour battue et je laisse à mon père le soin de combattre votre résolution, celui de nous assurer la présence d'un ami, dans l'asile champêtre ou nous devons nous fixer incesssamment.

— Ah! vous renoncez au séjour de Paris? s'informe le jeune homme.

— Oui monsieur Michel, afin d'échapper s'il se peut à ce monde bruyant, à cette foule de prétendans, qui attiré par mon âge, ma fortune et me sachant veuve, m'assomme de son hommage hypocrite et convoite ma main en conspirant contre ma liberté. Mais il nous serait cruel, pénible de nous éloigner sans celui à qui nous avons une obligation sacrée, celui, à qui je dois la conservation d'un père que j'adore, du meilleur de tous enfin. Oh! n'est-ce pas monsieur Michel, que vous serez des nôtres, que vous ne refuserez pas de venir habiter et vivre avec vos amis ?

— Ce sort serait doux pour moi, madame la baronne, mais je dois le refuser, non! il ne serait pas dans mon pouvoir, il est au-dessus de mes forces, de ma volonté de m'éloigner de Paris, d'abandonner ici tout ce qui m'est cher, ma vieille mère adoptive...

— Elle viendrait avec nous, fait Amélie vivement.

— Merci, merci, madame, mais...

— Ah! je devine monsieur Michel, une autre personne peut-être, bien chère aussi à votre cœur...

Michel de ne répondre à cette question que par une vive rougeur et en baissant les yeux. Un instant de silence de part et d'autre, durant lequel, la main blanche et parfaite d'Amelie, se promenait par distraction sur le clavier du piano près duquel elle était assis.

— Vous êtes musicienne madame ? heureux privilége, dit Michel en rompant le silence.

— Oui, monsieur.

— Ah ! si j'osais vous prier...

— Volontiers !

Et la jeune baronne qui a compris le désir du militaire, se met au piano et fait entendre un morceau mélodieux suivi d'une romance chantée avec autant d'âme que de goût. Ces chants, ces sons harmonieux, plongent Michel dans un doux ravissement auquel contribuent pour beaucoup la figure enchanteresse, la pose gracieuse de la charmante musicienne.

— Du monde au salon, madame la baronne, vient annoncer un domestique au grand déplaisir de notre héros qui se lève en même temps qu'Amélie, d'après l'invitation qu'il vient d'en recevoir. Un homme du monde se serait empressé d'offrir sa main à la dame, de la conduire triomphant au salon d'exciter par cette apparente intimité cette apparition avec elle, l'envie, le dépit peut-être parmi les convives et amis réunis; Michel avait bien pensé à cela; mais il n'avait osé, pourquoi? parce qu'il se sentait infiniment petit auprès de notre riche et jolie baronne et quoiqu'il en eût recu l'accueil le plus amical, n'importe! il était mal à l'aise dans ce monde si supérieur au sien, parmi ce luxe qui se déployait à ses yeux, où la crainte de commettre quelque gaucherie, le contraignait de marcher en tatonnant sur le terrain glissant où il se trouvait. Le salon, là, une vingtaine de personnes, tant hommes que femmes, monde choisi, élégant titré même, qui, à l'apparition de la jolie veuve, se lève, s'avance vers elle, humble, souriant le compliment à la bouche et daigne à peine jeter un coup d'œil sur celui dont l'uniforme n'annonce qu'un simple sous-officier.

— Bonjour Michel, bonjour mon ami, je ne vous savais pas ici, avec ma fille, sans cela, je me serais hâté d'aller presser la main de mon libérateur. Messieurs et dames, permettez à Amélie, à moi, de vous présenter un de nos bons amis, dans la personne de ce brave militaire, fait entendre M. de Norbert accouru du bout du salon et après avoir serré Michel dans ses bras.

Alors, chacun change de face et d'allure, s'empresse autour du jeune brigadier, et le félicite sur le bonheur d'avoir rendu service et mérité l'estime de gens aussi aimables, distingués que M. de Norbert et sa fille. Michel assez embarrassé de toutes ces louanges, des nombreux saluts dont on l'accable, rougit d'abord puis répond assez gauchement. Mais une jolie paire d'yeux ne l'avait point quitté de vue, celle d'Amélie enfin ! aussi, la jolie femme voyant la gêne qu'éprouve le jeune homme s'empresse-t-elle de venir à son secours, de l'inviter à s'asseoir près d'elle et de son père cela, en lui prenant la main, en l'entraînant dans un coin du salon. Oh! que cette main est douce, blanche, admirable ! comme sa tendre pression inquiète et satisfait Michel tout à la fois; aussi, ce dernier étourdi, ému, marchant sans précaution tant l'occupe sa jolie conductrice, écrase-t-il du poids de sa botte, la patte du petit chien d'une dame de la société, dérange-t-il avec son coude la perruque ronde d'un petit vieillard et brise-t-il une pièce d'un cabaret en porcelaine rocaille, en posant maladroitement son chapeau dessus.

— Bigre! voilà que je fais bétises sur bétises, que je m'enfonce! pense Michel honteux, désespéré de sa gaucherie et en serrant les poings d'impatience sans songer que dans une de ses mains est encore placée celle de la baronne.

— Ah! exclame douloureusement Amélie en essayant de retirer la main comprimée.

— Oh! pardon, pardon madame, je ne sais plus où j'en suis, je perds la tête, excusez de grâce ma brutale distraction.

— N'est-il pas naturel monsieur, de presser la main de ses amis, répond la comtesse aux paroles supliantes que lui adresse Michel avec empressement.

— Cette femme est un ange de bonté! se dit le jeune homme rassuré par tant de bienveillance.

— Ce soldat ne possède aucun usage du monde, pourquoi diable, le baron reçoit-il de semblables gens chez lui? murmure un grand monsieur en se penchant à l'oreille de sa voisine.

Un nouveau personnage, le colonel de notre héros qui fait en cet instant son entrée au salon, qui va saluer les maîtres de la maison et presser la main de Michel.

— Décidément ce jeune soldat est en faveur de tous les côtés, observe le petit vieillard à la perruque froissée et d'après cette remarque, ce dernier quitte le fauteuil dans lequel il était enfoncé depuis plus d'une heure, pour aller faire connaissance avec Michel. Ce petit homme n'était autre qu'un président du tribunal correctionnel, portant nom Triphon de Belle Isle.

— Monsieur Félix de Viguerie vient annoncer un valet.

Et l'amant de Pauline, encore inconnu à

Michel, vient saluer M. de Norbert puis Amélie, près de qui il prend place en jetant à l'improviste un coup d'œil dédaigneux sur Michel, qui occupe la droite de la dame.

— Nous n'espérions plus sur vous monsieur de Viguerie, dit la baronne au nouveau venu.

— Je n'ai garde, charmante dame, de laisser échapper l'occasion précieuse de me rapprocher de vous, en restant sourd à vos aimables invitations.

— Fort bien ! mais mon père en ne vous voyant pas arriver, craignait que vous ne nous boudassiez.

— En effet, belle Amélie, je devrais conserver une éternelle rancune à la rigueur que vous exercez envers moi, mais je ne m'en sens pas la force, répond le neveu de madame Ganoche du ton d'une aimable familiarité.

— Allons, oublions le passé, ce qu'il vous plaît d'appeler mes rigueurs et soyons amis, monsieur de Viguerie.

— Non madame, non, n'espérez par l'entier oubli d'un caprice, d'une cruauté qui me rend le plus malheureux des hommes, et...

— Permettez-moi de vous présenter monsieur Michel, notre nouvel ami, celui à qui je suis redevable de la précieuse conservation de mon père, interrompt Amélie en se retournant vers le militaire et l'indiquant à Félix.

— Ah! ah! c'est monsieur, qui.... le jour de l'émeute.... oui, oui je sais! mais c'est très bien jeune homme, vous avez fait là une bonne action, répond Félix avec légèreté, insouciance sans daigner à peine fixer Michel, qui, à son tour le salue assez légèrement en se disant :

— Voilà un fat, qui me déplaît diablement fort.

L'annonce du dîner, alors chacu de ces messieurs s'emparent de la main d'une dame et Michel voulant imiter les autres, présente la sienne à Amélie, mais pas assez à temps, car monsieur de Viguerie venait de le précéder; ce que voyant le jeune militaire avec dépit, fit, qu'il suivit la société les bras balans, l'œil fixé sur Félix et le murmure sur les lèvres.

Après le dîner, le retour dans les salons, éclairés alors de mille bougies, parfumés par des buissons de fleurs dont on a surchargé les consoles. Puis un orchestre, des instrumens, enfin tous les apprêts d'une fête brillante. Une heure encore et l'arrivée d'une foule de beaux cavaliers, de femmes coquettes, parées, qui encombrent les salons, puis l'orchestre qui donne le signal et le bal qui commence.

— Allons mon cher Michel, ne restez donc pas ainsi froid et isolé, appuyé sur cette colonne, faites honneur à la fête, liberté pour chacun, plaisir pour tous c'est la devise de notre maison. Voyez, ma fille qui vous regarde de sa place et semble se plaindre de ce que vous ne la faites pas danser.

— Monsieur le baron, je n'ose, madame la baronne est tellement entourée de cavaliers parfaits qu'il serait audacieux à moi peut-être...

— D'aller l'inviter au nez et à la barbe de tous ces dandys, n'est-ce pas? Allons donc! votre timidité n'a pas le sens commun. Michel, il faut, mon cher, que je vous fasse goûter de certaine liqueur qui possède l'heureux privilége d'enhardir les gens, et leur donne de l'éloquence, venez avec moi. Et le baron entraîne Michel, jusqu'au buffet où un valet leur présente le punch.

— A votre santé mon brave, reprend monsieur de Norbert en engageant le militaire à l'imiter, ce que fait ce dernier en avalant deux verres de la liqueur bienfaisante.

— Encore un, Michel..

— Assez monsieur le baron, et la tête?

— La raison voulez-vous dire ? il n'en faut pas au bal, demandez plutôt à toutes nos dames qui aiment tant entendre déraisonner les jeunes gens. A votre santé donc et maintenant venez engager Amélie.

En ce moment! deux heures de la nuit étaient sonnées que Michel, peu maître de surmonter la timidité que lui inspirait ce monde, où le hasard venait de le jeter subitement, que Michel donc, encore avait essayé quelques pas dans les salons et s'était constamment tenu à l'écart évitant même, d'être aperçu par la baronne qui n'aurait pas manqué de lui reprocher son impassibilité et de le lancer dans cette foule où il se trouvait étranger et mal à l'aise.

— Amélie, je te présente un coupable de lèze-galanterie, un beau cavalier, qui, au lieu de danser s'avise de faire pendant à ta statue de Jeanne-d'Arc, dont il observe toute l'immobilité, dit monsieur de Norbert à sa fille, devant qui, il vient d'amener Michel, dont la rougeur couvre le visage, dont les yeux aperçoivent non sans dépit, Félix de Viguerie encore placé près de la dame.

— C'est mal monsieur Michel, tout à l'heure je me plaignais de votre abandon, de n'avoir point dansé avec vous, demandez plutôt à monsieur de Viguerie.

— En effet, belle dame, vous fîtes entendre ces plaintes il y a un instant, et je vous répondis que l'heureux mortel que vous appeliez de vos désirs, s'occupait sans doute beaucoup plus, à faire la police du bal qu'à prendre part à ses plaisirs en ce que, l'habitude est une seconde nature, fait entendre Félix, en accompagnant ses paroles d'un sourire sardonique.

— C'est pourquoi monsieur, je me garderai fort de faire réponse ainsi, qu'ellele mérite, à votre impertinente observation, jaloux que je suis en effet d'observer le respect dû aux lieux où vous et moi nous nous trouvons en ce moment, répond Michel avec sang-froid en fixant sur Félix un regard où se peignent le dépit, la colère et dont la vue met aussitôt fin à la gaîté du jeune homme.

— Venez, venez monsieur Michel voici les quadrilles qui se forment et vous m'avez invitée, je pense? dit vivement Amélie en entraînant le garde municipal à travers les salons, craintive qu'elle est de voir s'élever une querelle entre lui et Félix.

— Michel, reprend la baronne dont la main est placée dans celle du militaire, après avoir été prendre place à la danse, Michel, ce monsieur Félix de Viguerie est un être insupportable, dont la fatuité égale l'impertinence, n'attachez donc, mon ami, aucune importance sérieuse à ses paroles, cet homme ayant l'habitude fâcheuse de faire le bel esprit aux dépens de chacun, de lancer à tout propos de méchantes épigrammes, veuillez donc par amitié pour mon père, pour moi, prendre en pitié cette funeste manie et ne point vous offenser des sottises d'un être, dont l'esprit, le courage sont plus que problématiques.

—En votre faveur madame, je promets de m'armer de la patience d'un saint, contre les discours de cet homme, s'il osait ce soir encore, me choisir pour le plastron de ses mauvaises plaisanteries, dit Michel avec respect.

— De votre part, je n'attendais pas moins monsieur, reprend Amélie en fixant sur le jeune homme des yeux où respirent la douceur et l'amabilité.

On danse, c'est à notre héros à s'élancer dans le quadrille, ce dont il s'acquitte avec grâce, aisance, à la grande satisfaction de la jeune baronne, dont le regard le voit et l'admire.

— Bien, très bien! voila mon philtre qui opère, murmure M. de Norbert gaîment à l'oreille de Michel, près de qui il passe en ce moment.

— Que veut dire mon père, monsieur, interroge Amélie qui a entendu.

— Que ses conseils, madame, ont dissipé la timidité qui m'empêchait de réclamer la faveur de danser avec vous.

— Hélas! aurais-je donc le malheur de vous en imposer?

— Maintenant non, car vous êtes aussi belle que bonne.

— Vous aussi, êtes donc complimenteur, comme cette foule d'étourdis qui ce soir voltige sans cesse autour de moi en me fatiguant de ses adulations.

— Ainsi que ces messieurs, je vois, j'admire et rends hommage à vos charmes, reprend Michel à qui trois verres de punch ont accordé éloquence et hardiesse.

— Eh mais! ce langage choisi a droit de me surprendre, quel soldat êtes-vous donc monsieur, pour vous exprimer ainsi? dit Amélie en fixant Michel avec attention.

— Un soldat plus heureux qu'un autre, madame, en ce qu'il vous voit, vous entend et que vous daignez l'écouter.

— Toujours de mieux en mieux! monsieur Michel, à parler franchement, votre langage annonce plus que vous ne promettiez en vérité.

— Enfant de troupe, ensuite soldat et brigadier depuis vingt-quatre heures, voila ce que je fus, ce que je suis, madame.

— Mais votre éducation !

— Bien nulle, celle enfin, que je me suis procurée, tourmenté par le désir de connaître, de savoir et sans cesse arrêté par l'indigence.

— Bien, bien, monsieur, fait la baronne, en pressant vivement les mains de Michel, puis reprenant : j'aimerais à vous voir perdre cette timidité, cette méfiance de vous-même qui devant ce monde, paralysent vos moyens, qualité souvent nuisible chez un jeune homme et qui le fait passer inaperçu dans un monde où il pourrait briller.

—Qu'importe ce défaut chez moi, pauvre soldat, sans famille, sans protecteur, sans fortune et que le sort condamne à une éternelle obscurité, répond Michel avec modestie.

—Une éternelle obscurité ! peut-être, dit

la baronne en appuyant sur ces derniers mots.

Et le quadrille de finir, Michel tout préoccupé, reconduit la dame à sa place où l'attendent plusieurs jeunes gens et parmi eux, encore ce Félix de Viguerie.

— Bravo Michel! te voila lancé dans ce monde où t'appelait ton mérite, mon cher camarade; allons prendre ensemble un verre de cet excellent punch que distribue là bas ce valet obligeant.

Celui qui parlait ainsi, était le colonel de notre jeune héros, homme aussi brave que jovial, qui, sans façon, passant son bras sous celui du brigadier l'entraîne à travers la foule vers l'extrémité des salons.

Trois heures du matin. La foule s'éclaircit; au moins il est permis de circuler à l'aise d'un salon à un autre.

Michel, corroboré de plusieurs verres de

punch, grâce aux fréquentes invitations de son colonel à qui il s'est vu forcé de faire raison, Michel donc, la tête un peu lourde, éprouvant le besoin d'un instant de repos, se glisse en tapinois dans le salon des jeux, pièce déserte et que les joueurs venaient d'abandonner quelques instans auparavant et là, apercevant une niche à moitié cachée par de longue draperies, notre jeune homme s'y introduit, se pose sur le riche et soyeux divan qui la meuble, afin d'essayer s'il se peut d'un instant de sommeil. A peine Michel avait-il perdu connaissance, qu'un bruit de voix vient l'arracher à un doux et bienfaisant engourdissement, rappelé à lui, le jeune homme reconnaît Félix de Viguerie ainsi que la jeune baronne, dans les personnes qui sont venues, ainsi que lui, chercher un instant de silence et de repos dans ce réduit écarté.

—Ainsi donc adorable Amélie, vous parlez sérieusement ?

—Très sérieusement monsieur de Viguerie, répondait la baronne d'une voix ferme en se jetant sur un canapé où son interlocuteur se place aussitôt près d'elle mais dans une humble posture.

— Savez-vous bien madame, que vos rigueurs envers moi, sont la cause que je suis sur le point de prendre un parti désespéré, de me marier enfin.

— En vérité? exclame Amélie en souriant.

—Oui madame, de me marier, ainsi vous voila avertie, c'est à vous maintenant de se décider à éviter des regrets inutiles, car dans huit jours, ce cœur, cette main que je vous offre, appartiendront à une autre.

— Mariez-vous donc, monsieur, et tranquillisez-vous sur l'état de mon cœur qui, je vous le jure, ne s'effarouche nullement, à la nouvelle que vous venez de m'apprendre.

— Honte à vous baronne, en traitant avec autant de froideur, de tyrannie, un homme qui vous adore depuis longtemps, qui n'a cessé de mettre sa personne à vos pieds et qui vous rendrait la femme, l'épouse la plus heureuse du monde.

— J'en conviens, monsieur; je suis coupable de ne point mieux apprécier tout ce que vos sentimens ont de beau, de désintéressé, de ne les récompenser que par un pénible refus, mais que voulez-vous ? l'amour s'inspire et ne se commande pas, interrompt Amélie.

— Et je n'ai su vous l'inspirer, voilà qui est flatteur en vérité! mais prenez garde madame, le désespoir que me cause cette rigueur est capable de me pousser à quelque acte de folie, à quelque extrémité.

—Quoi, des extravagances huit jours avant l'hymen, mais vous êtes fou, mon cher Félix !

— L'hymen ! oui l'hymen, imposé par une tante exigeante, implacable, lien affreux, odieux ! que je ne prétends conclure qu'après avoir perdu tout espoir de vous posséder, s'écrie Félix de Vigeurie en feignant le désespoir.

— Concluez monsieur, concluez je vous le conseille et cela sans perdre le temps à vous bercer d'un faux espoir car, je vous le répète, je ne serai jamais votre femme.

— Bien dit, pense Michel témoin involontaire de cet entretien et dont l'immobilité le fait échapper aux regards des deux causeurs qui en cet instant placés dans un angle de la pièce, ne peuvent l'apercevoir.

— Peut-être madame, fait le jeune homme en réponse à Amélie.

— Voilà qui est plaisant, espérez-vous m'y contraindre.

— Oui, à force de soins et d'amour.

— Je refuse l'un et l'autre monsieur, j'ajouterai même que cette persévérance, cette obstination à me fatiguer sans cesse par le continuel aveu d'une passion que je ne puis partager, me contraindront à vous prier de cesser vos visites chez moi.

En prononçant ces dernières paroles avec fermeté, Amélie s'étant levée vivement, quitta le salon et laissa le jeune homme aussi sot qu'étourdit à la vue de ce prompt départ.

Un instant de silence employé à mettre ses idées en ordre, puis Félix de Viguerie se croyant seul de s'écrier.

— Tu as beau vouloir me résister entêtée baronne, mais il me faut ta main, ta fortune, ta fortune surtout ! oui, nous verrons, si après t'avoir enlevée si une fois en mon pouvoir et compromise aux yeux de ce monde qui te croira ma maîtresse, tu refuseras de racheter ta réputation, ton honneur du prix de ta riche possession.

— Bien dit ! s'écrie encore une fois, et à voix haute, Michel en sortant de la niche et se présentant aux regards surpris de Félix. Oui, bien dit, mais tout-à-fait inexécutable en ce que je m'y oppose, reprend le militaire d'un ton sardonique et en s'avançant vers le jeune homme qui se lève vivement à son approche.

— Quoi monsieur vous étiez là, vous écoutiez ? dit Félix de Viguerie pâle et tremblant de colère.

— Vous le voyez bien, morbleu ! mais écoutez à votre tour, si vous osez tenter de mettre à exécution la moindre des menaces que vous venez d'exprimer, si vous osez essayer d'attenter à l'honneur, à la réputation de la femme estimable dont vous avez l'infamie de convoiter lâchement, non le cœur, mais la fortune, je vous flagelle ignominieusement en public et vous passe ensuite mon sabre à travers le corps. Vous entendez insolent mirliflor, souvenez-vous de cette menace et que moi, Michel, brigadier au noble corps de la garde municipale, je veille sur la baronne Amélie de Valberg afin de la garantir contre les entreprises insolentes du plus méprisable des hommes, contre celui qu'elle a deviné sans doute et dont elle repousse avec mépris l'amour simulé et la main cupide !

— Monsieur, vous m'insultez d'une façon infâme ! s'écrie Félix en courroux.

— Silence ! vous dis-je, et sortez à l'instant de cette maison pour n'y plus reparaître.

— Et de quel droit m'imposez vous cet ordre?

— Du droit qu'un honnête homme exerce sur un être tel que vous, obéissez! fait le jeune militaire en indiquant la porte du doigt.

Mais Félix d'hésiter, alors Michel furieux, saisit d'une main de fer, le bras du dandy, qu'il presse avec force et d'un accent énergique, l'œil menaçant.

— Sortirez-vous enfin! dit-il.

Félix de Viguerie jaloux d'échapper à cette violence, essaye quelques pas en arrière et dans cette retraite envoie tomber sur le parquet une table chargée d'un candelabre et de plusieurs cristaux, dont la chûte et le brisement attirent bientôt dans la pièce, monsieur de Norbert et sa fille.

— Eh! bien, que se passe-t-il donc c! s'informe le premier en apercevant non sans grande surprise, les deux jeunes gens encore aux prises et l'expression de la colère peinte dans les yeux.

— Un misérable, que je veux chasser de chez vous, reprend Michel en lâchant enfin le bras de Félix.

— Un insolent soldat, qui se permet de m'insulter, de me dicter des ordres ! s'écrie le jeune homme à qui la présence des maîtres de la maison, donne un surcroît d'audace.

— Messieurs, je ne comprends rien à ce différend élevé entre vous, veuillez nous expliquer... dit Amélie tremblante, en fixant un regard inquiet sur Michel.

— Une bagatelle ! ma présence qui déplaît à cet homme et de laquelle il croyait se débarrasser aisément, répond Félix de Viguerie.

— Et vous Michel, nous donnerez vous l'enigme d'une semblable conduite ? interroge M. de Norbert avec douceur

— Facilement, monsieur, d'autant plus qu'il est nécessaire que vous soyez instruit, ainsi que madame la baronne, du sujet qui l'a provoquée

— Gardez-vous de croire cet homme, s'écrie Félix avec embarras.

—Laissez monsieur Michel s'expliquer, dit Amélie.

— Vous m'excuserez, madame, si endormi sur ce siége, je suis devenu sans le vouloir l'auditeur invisible de votre entretien avec M. de Viguerie.

— Ce qui ne cesse pas d'être fort indiscret, interrompt le dandy.

— Éveillé seulement au milieu de votre conversation, la honte, l'embarras, m'ont seuls empêché de vous avertir de ma présence près de vous.

— Vous êtes excusable monsieur Michel, une nuit de bal, lorsque nos appartemens sont ouverts à nos amis, libre à chacun d'y chercher le plaisir où le repos, or! tant pis pour M. Félix, à qui il a plu, de faire en un pareil instant d'un salon ouvert à tout le monde, le lieu d'un entretien qu'il désirait rendre secret, dit Amélie en s'efforçant de sourire.

— Mais encore, à propos de quoi une querelle entre monsieur de Viguerie et notre ami Michel brave jeune homme s'il en fut, s'informe M. de Norbert avec impatience.

— Que sais-je, fait Félix avec embarras.

— Que monsieur, dans un soliloque des plus imprudens, m'a fait connaître ses projets qui sont d'enlever madame la baronne, de la perdre aux yeux du monde en la faisant passer pour sa maîtresse et cela afin de la contraindre à accepter le titre de son épouse, ou plutôt pour s'assurer la possession d'une fortune qu'il envie par dessus tout, d'après son propre aveu, fait entendre Michel vivement.

— Quelle perfidie, est-il vrai monsieur, que vous ayez manifesté de semblable projets à mon égard?

— Erreur de la part de cet homme, charmante baronne, répond Félix d'un ton mielleux.

— Prenez garde, monsieur, car l'homme que vous citez sans cesse, ne souffre pas un démenti impunément avouez! ou, sur l'honneur, vous jouerez incessamment votre vie contre la mienne.

— Me battre avec vous?.. Allons donc!

— Mille pestes! rendez grâce au respect que m'inspirent les maîtres de cette demeure, car je vous aurais déjà mis dans l'impossibilité de repousser mon défi à moins que vous ne préferiez passer pour un lâche ! répond Michel emporté par la colère.

— Oui ou non, avez-vous manifesté ces coupables intentions envers ma fille, celle enfin dont vous accuse Michel ? interroge sévèrement M. de Norbert.

— Que sais-je, ce que le dépit d'être repoussé par une femme que j'adore, peut m'avoir fait proférer ! répond Félix poussé à bout et n'osant renouveler un démenti dont il redoute les suites.

— Cela suffit ! ma fille et moi monsieur de Viguerie, vous avons reçu ce jour pour la dernière fois.

— Très bien ! je conçois, le salon, chez vous doit faire place désormais à la caserne, répond Félix en saluant légèrement et gagnant la porte, le dépit et la honte dans le cœur.

— L'impertinent ! exclame Amélie.

— Le fat ! fait M. de Norbert, puis reprenant : merci, merci, Michel, de ce nouveau service, car cet homme, si l'on doit en croire la réputation qu'il s'est acquise, est un être des plus dangereux à l'honneur des femmes dont il ne respecte ni la pureté, ni la position sociale, merci encore une fois, de nous avoir démasqué ce traître, ce perfide ami, qui, je n'en doute pas, rendait plutôt hommage à la fortune d'Amélie qu'aux qualités excellentes dont elle est douée.

Et l'entretien d'être interrompu en cet instant par la présence de plusieurs amis intimes, venant tous prendre congé du baron et de sa fille. En effet chacun se retirait; les salons étaient devenus déserts, les bougies prêtes à s'éteindre, menaçaient de leurs flammes, le cristale des lustres. Alors Michel de prendre aussi congé de ses nouveaux amis, d'Amélie surtout ! qui, d'un doux accent accompagné du regard le plus aimable, l'engage à revenir près d'eux le plutôt possible. Promesse faite, le jeune militaire se retire et regagne pédestrement sa caserne en pensant à la femme charmante qu'il quitte, à l'aimable accueil qui vient de lui être fait par cette riche et noble famille, puis en pensant aussi à Pauline; Pauline ! qu'il n'a pas revu depuis plusieurs jours, et sans cesse absente, lorsqu'il se présenta chez elle, Pauline, qu'il aime, sans en être aimé, dont il regrette le cœur, la possession et à qui, il se propose dans la journée de faire une nouvelle visite, espérant cette fois, être plus heureux et pouvoir à son aise contempler des charmes ravissans, entendre un doux son de voix, dont l'accent en vibrant à son cœur le comblera de bonheur et d'ivresse.

IX

INCIDENS DIVERS.

— Salut à monsieur Félix de Viguerie.

— Ah! ah! c'est vous maître Mitonnet: roi des usuriers, quel bon vent vous amène vers moi, d'aussi grand matin? répond de son lit, sur lequel il est encore couché, et sans daigner à peine lever la tête, l'impertinent neveu de madame Ganoche.

— Votre prochain mariage avec ma jolie voisine, duquel je viens, Monsieur, vous faire compliment.

— N'est-ce que cela? Ce n'était guère la peine de vous déranger, mon très honoré Harpagon.

— Si fait! si fait, car vous allez avoir la perle des femmes, un vrai trésor de beauté, sans parler des deux cent mille francs que ce petit chef-d'œuvre vous apporte en mariage, ce qui fera trois cent cinquante mille, compris les cent cinquante que vous donne votre tante.

— Triste compensation de la perte énorme que me fait éprouver le vol audacieux, commis en cet hôtel et dans le secrétaire de ma tante.

— Oui, oui, je sais; trois cent mille francs!

c'est affreux! mais il est encore heureux que vous ayez eu affaire à des voleurs délicats qui, en laissant en caisse cent mille francs, n'ont pas voulu vous dépouiller entièrement. A çà, a-t-on fait des recherches, avez-vous quelques soupçons, l'espoir de découvrir votre voleur?

— Rien, cher monsieur, tout est perdu, et à tous les diables! ce qui me fait manquer le plus brillant mariage...

— Ah! oui, je sais, la fille d'un nommé Picot, fabricant de dentelles, facheux, facheux! car la prétendue apportait, m'avez-vous dit, quatre cent mille francs, ce qui ne laisssait pas d'être joli, très joli...

—Aussi, ayant égard à mes malheurs, à tant de pertes réitérées, j'espère, maître Mitonet, que vous consentirez à m'accorder certain délai, pour les sommes échues.

Eh bien! cher ami, voila ce qui vous trompe, ce qui m'est tout à fait impossible. Voila aussi le but, le véritable but de ma visite de ce matin, répond M. Mitonet, toujours d'un ton mielleux.

— Au diable! le juif implacable, qui prétend faire payer un homme qui n'a pas le sou.

— Vous plaisantez! et ce mariage, et cette dot de deux cent mille francs ! et la vôtre, total trois cent cinquante mille su rlesquels vous me payerez, j'espère, soixante-dix mille soixante trois francs et sept centimes.

— Impossible, fait le jeune homme.

— Pourquoi donc impossible, s'il vous plaît?

— Parce que je n'épouserai pas votre voisine.

— Cependant vous avez donné votre parole.

— Oui ; mais je la retire, Pauline n'est pas assez riche.

— Fort bien ; vous avez, à ce qu'il paraît, repris espoir sur cette alliance avec certaine baronne allemande dont vous m'avez entretenu.

— Pas du tout ; cette nuit même, ce mariage est devenu impossible, la baronne m'a donné mon congé en bonne forme.

— Diable, Diable ! cà va mal ? que prétendez-vous donc faire alors, pour sortir d'embarras et payer vos dettes ?

— Rien ! seulement attendre que le hasard m'envoie un bon parti à épouser, quelque fille gorgée d'écus.

— Hum ! cela peut être long ! très long ! reprend M. Mitonet en faisant une laide grimace et hochant la tête en signe de mécontentement.

— Plus ou moins, dit Félix avec insouciance.

— Ainsi donc, mon cher monsieur, vous êtes dans l'intention d'attendre tout du hasard, de ne rien même entreprendre afin de suspendre, d'éviter la contrainte par corps que je vais faire mettre à exécution ?

— Une contrainte par corps! et contre qui ?.. fait Félix que ces paroles viennent d'arracher à son apathie et en se redressant vivesur son séant.

— Parbleu ! contre vous, jeune homme, afin de vous décider à me payer.

— Y pensez-vous ? maître usurier ; oubliez-vous que ce serait instruire ma tante de l'état de mes affaires, l'engager à m'abandonner, me déshériter ?

— Sans doute ; aussi la chose répugne-t-elle infiniment à l'amitié que je vous ai vouée, mais il faut en finir enfin et je ne vois d'autre parti à prendre que celui de vous envoyer réfléchir à la prison pour dettes.

— Allons donc, vous n'en ferez rien.

— Je vous demande mille pardons, je le ferai, foi de Mitonet ! si vous ne vous décidez à l'instant à épouser Pauline, non dans l'intérêt de cette jeune fille, mais bien dans celui de mon argent, oui vous irez, mon cher Félix, coucher en prison,

— Infâme bourreau ! s'écrie le jeune homme avec fureur, en lançant sur le vieillard des regards menaçans.

— Pourquoi cet emportement ? est-ce donc une si rude tâche que j'exige en vous engageant à devenir l'époux d'une sage et jolie fille ?

— Mais ce mariage est une basse-fosse où viendraient s'engloutir toutes mes espérances de fortune, de grandeur, songez-y donc, homme implacable !

— Et moi je n'entrevois dans cet hymen

qu'une dot assez rondelette qui doit vous mettre à même de payer capital et intérêts des sommes à moi dûes par vous.

— Desquelles je double les intérêts, si vous consentez à m'accorder un an.

— Pas une heure de plus que celles nécessaires pour vous faire arrêter; ainsi, mon jeune ami, choisissez entre le mariage ou la prison.

— Quoi, pas de répit, pas de pitié à attendre, à espérer de votre cupidité? interroge Félix, après s'être jeté brusquement à bas de son lit, et en s'habillant à la hâte.

— Je vous demande pardon, j'accorde huit jours, terme fixé pour la célébration de votre mariage; plus, six heures en sus, le temps nécessaire pour toucher votre dot et compter mon argent. Ainsi donc, au revoir jusque là, réfléchissez, mon jeune ami. Là-dessus,

M. Mitonet prend son chapeau, et se retire sans plus attendre.

— Le tartare! le chien! me placer dans une telle alternative, me mettre ainsi le couteau sur la gorge... Plus d'espoir! oui il faut en finir, éviter par ce mariage que ma tante n'apprenne mes folies, qu'elle ne me déshérite, et ne me prive du peu d'amitié qu'elle ressent encore pour moi. Ah! maître Mitonet, juif des juifs, tu me fais payer cher l'argent que tu m'as vendu! Ce soliloque terminé. Félix qui avait fini de s'habiller, se dirige vers l'appartement de sa tante.

— Enfin, v'la que te v'la drôle! depuis trois heures que je te demandons, dit la dame assise devant sa toilette, en voyant de sa glace entrer son neveu.

— J'avais du monde chez moi, un ami, ma tante.

— Tais-toi, faignant, tu te vautrais dans

ton lit, vl'a pour sûr ce que tu faisais.

— Chère tante j'ai passé au bal une partie de la nuit, chez le baron de Norbert.

— Ah! oui, celui qu'a une jolie fille, veuve et coçue; y a-t-y mêche à te marier par là, ainsi que tu le disais?

— Toujours, ma tante, mais je renonce, n'ai-je pas promis à Pauline, serait-il généreux de la trahir?

— Non certainement, et je n'y consentirais pas, car cette petite est charmante, elle t'aime comme une folle? et puis tu y as fait un poupart que ton devoir d'honnête homme t'engage à reconnaître.

— Cependant, ma tante, hier encore, vous souriez à l'idée que je serais l'époux de la baronne Amélie de Valberg, observe le jeune homme.

— Dam! c'est que t'es un mangeur d'argent, un lapin qui sait le faire rouler, et tu me faisais ta baronne de Vaubête, plus riche qu'une mine du Pérou. Mais, tout bien considéré, il vaut mieux être homme de bien, vois-tu Félix, et tenir à sa parole.

— Vous avez, m'a-t-on dit, reçu ainsi que moi la visite du père de Pauline, que pensez-vous de cet homme?

— Je le trouve très comme il faut, ce cher homme, bien aimable, bien poli. C'est un ancien grognard, de la vieille garde; oui, il a été, ainsi que moi, à Moscou, il dit même avoir connu beaucoup mon premier mari, ce cher Denis, dit Fleur-d'amour, sergent-major dans les voltigeurs de la jeune...

— Et quoi, ma tante, vous avez parlé à cet homme de votre premier époux !

— Certainement, et j'y ai tout dit encore, même que j'étais Geneviève, vivandière à la grande armée, veuve en premier mariage du sergent Denis, et en seconde noce de feu

M. Ganoche, ancien fournisseur des vivres de l'armée qu'il laissait, soit dit entre nous, mourir de faim, à qui, au pont de la Bérésina, j'ai sauvé la vie en le retirant de l'eau où il se noyait et qui, en récompense de ce service, a fait ma fortune en m'épousant en légitime mariage.

— Tout cela, chère tante, était fort inutile à raconter.

— Bah! je ne suis pas fière moi, et ne rougis pas du passé; au surplus, je vaux bien le père de ta future, un marchand forain, c'est pas le diable!

— Madame et Mademoiselle Germain, vient annoncer un valet.

— Dites-y qu'elles entrent, répond aussitôt Madame Ganoche, en achevant de se barbouiller les joues de carmin.

Un instant encore, puis Madame Germain et Pauline se présentent, la première en faisant force révérences, la seconde avec son maintien modeste, les yeux baissés, et l'incarnat de la pudeur sur son charmant visage.

Cette visite était pour le moins la dixième que faisait Pauline à sa future belle tante qui l'avait prise tout à fait en amitié et l'accablait de soins, de présens et de louanges. A dire vrai, la jeune fille avait remarqué avec peine que Félix, était souvent absent lorsqu'elle venait voir la tante quoique ses visites, d'après le désir de madame Ganoche fussent toutes faites les jours indiqués par cette dernière. Pauline soupirait alors et la crainte de ne point être aimée autant qu'elle le désirait, descendaient dans son âme, lorsqu'introduite dans la pièce de réception, son regard après l'avoir cherché, n'apercevait pas l'amant chéri. Mais cette fois, oh! quelle fut heureuse en voyant Félix accourir à sa rencontre d'un air souriant et empressé, de sentir sa main presser la sienne et la conduire près d'un siége placé à côté de celui occupé par la tante.

— Bonjour petite nièce, comment ça va-t-il?

— Bien. très-bien! madame, répond Pauline avec timidité.

— Voyez-donc bonne tante, comme ma Pauline est jolie aujourd'hui? fait observer Félix se plaçant en face de la jeune fille et les genoux en terre pressant dans les siennes denx menotes blanches et potelées qu'on lui abandonne.

— C'est un vrai chef-d'œuvre de chair, un amour enfin, qu'il faudra rendre bien heureuse, entends-tu Félix ou sans cela, gare à toi et à ma succession, si tu t'avisais jamais de mal agir envers ta femme.

— Soyez sans inquiétude ma tante, car

l'amour brûlant que je ressens pour elle, est le sûr garant du bonheur que je lui réserve.

Et Pauline, sourit, se sentant bienheureuse en écoutant ces mots prononcés avec un faux-semblant de vérité.

— A ça pas de bêtises ! voilà la butte qui commence à poindre y faut presser le mariage et bacler çà le plutôt possible.

— Toutes les démarches sont faites, les bans publiés, madame, reste à vous seule maintenant à fixer le jour de l'union de ces deux jeunes gens dit madame Germain.

— Eh mais! dans huit jours ainsi qu'il a t'été convenu répond madame Ganoche.

— Soit ! dans huit jours répète Félix, et Pauline soupire encore d'espérance et de bonheur.

— Petite nièce, voilà un cadeau de noce dont hier, j'ai fait emplète à votre intention, fichez-moi çà autour de ce cou blanc comme neige, çà vous fera penser quelques fois à la vieille tante Ganoche, dit cette dernière après avoir atteint d'un coffret, une riche chaîne d'or d'un beau travail et la donnant à Pauline.

— Oh! la belle chaîne, merci, merci! madame, en vérité je suis confuse de toutes les bontés dont vous daignez me combler.

— C'est bien! çà ne vaut pas le remerciment. A vous maintenant brave femme, qui savez si bien élever les filles, voici un brillant monté sur bague, que je vous prie d'accepter pour l'amour de moi, allons, enfoncez çà dans votre doigt et surtout pas de remerciment pour une pareille bagatelle,

La bonne vieille femme rougit d'aise à la vue du beau diamant qu'elle reçoit des mains de la généreuse vivandière et s'en pare aussitôt sans tenir compte de la recommandation de la donatrice, qu'elle ne peut s'empêcher de remercier dix fois pour une. Encore une longue séance, durant laquelle Félix trouva le moyen d'entretenir Pauline en particulier de l'amour toujours brulant qu'il rsesentait pour elle, exiga et reçut quelques douces carresses auxquelles Pauline mit toute la prudence possible et que vint interrompre le retour inopiné des dames Ganoche et Germain, qui, l'espace d'un instant étaient passés dans une pièce voisine. Quatre heures de l'après-midi et Pauline, ainsi que sa mère adoptive, après avoir refusé le dîner offert par la tante future, regagnèrent leur domicile accompagnées de Félix, qui, étant resté près de Pauline une partie de la soirée prit congé d'elle après avoir annoncé sa visite pour le lendemain.

Huit heures sonnaient à la pendule, lorsque le bruit de la sonnette interrompit l'entretien de Pauline avec madame Germain entretien ou la jeune fille, vantait son bonheur, les douceurs de l'hymen qu'elle allait conclure avec l'amant chéri de son cœur, bel enthousiasme de jeunesse, auquel la vieille dame tourmentée par une fâcheuse et secrète appréhension, ne répondit que légèrement et en branlant la tête. Quel était donc le visiteur a qui fut ouvrir Pauline en souriant et d'un pas léger? Michel.

— Ah! vous voilà mon ami, il y a bien longtemps que nous ne vous avons vu, dit la jolie fille, du ton d'un aimable reproche.

— Pauline, ne m'accusez pas de négligence, car je suis venu souvent sonner à votre porte sans qu'elle se soit ouverte à mon appel répond Michel en suivant la jeune fille qui l'introduit près de madame Germain et lui présente une chaise.

— Bonjour Michel, bonjour! comme vous venez tard.

— Excusez-moi, mais j'étais de service

aujourd'hui et ne fais que de quitter la caserne.

— N'importe l'heure, mon ami, nous avons toujours du plaisir à vous voir.

— Et moi beaucoup à vous rencontrer ce soir car il est maintenant fort rare de vous trouver au logis.

— C'est vrai Michel, mais nous avons en ce moment de grandes occupations, une foule de démarches et d'emplètes à faire, répond madame Germain sans tenir compte ou plutôt sans s'apercevoir des signes que lui fait Pauline afin de la faire taire.

— Oui, je sais, vous avez mis Coco en apprentissage, cela a dû vous nécessiter des courses, du travail.

— Il y a mieux que cela, mon ami, et comme la chose ne doit plus être un mystère.

— Bonne mère, n'en dites pas davantage je vous en prie, interrompt Pauline vivement.

— Pourquoi donc mon enfant, ferions-nous un secret à ce bon Michel d'une chose que tout le monde saura bientôt, et qui est toute naturelle.

— De grâce! ma mère, fait Pauline d'un ton suppliant.

— Allons, dame Germain, soyez discrète puisqu'on vous en prie avec tant d'instance, gardez un secret que moi-même ne veux point connaître en dépit de la volonté des gens.

Eh bien! non, je m'obstine, car enfin, est-ce donc chose si extraordinaire qu'un mariage d'amour.

— Ah! ma mère!! s'écrie Pauline, avec l'expression de la douleur.

— Un mariage d'amour! mais qui donc se marie? interroge Michel en pâlissant.

— Pauline, dans huit jours, avec celui

que son cœur désire avec ardeur, reprend madame Germain.

— Ah! Pauline, Pauline! s'écrie alors Michel d'une voix étouffée et en donnant cours à un torrent de larmes.

— Ma mère! qu'avez-vous fait?... dit la jeune fille vivement, en jetant un regard douloureux et confus sur le jeune militaire.

— Eh bien! qu'est-ce donc, qu'avez-vous mon bon Michel? s'informe : hors d'elle, la vieille dame en s'emparant ainsi que Pauline vient de le faire, d'une des mains du jeune homme, qui, la tête baissée, sanglotte et se désespère.

— Michel, pardonnez-moi, mais j'aimais avant de vous connaître, Michel, consolez-vous, je vous en suplie; cessez ces larmes, ce désespoir dont l'aspect me tue, et pardonnant à celle qui n'a pu répondre à votre amour; soyez toujours son meilleur ami, dit

Pauline d'un accent rempli de douceur et de charme.

— Comment, Michel, vous aimiez Pauline et je l'ignorais? Ah! pardonnez le mal que je viens de vous faire involontairement et ne maudissez pas votre vieille amie!

— Parlez, répondez-nous, Michel... reprend la jeune fille, les yeux supplians et attachés sur le jeune homme.

— Oui, j'aurais tort de me plaindre, de vous garder rancune, car vous êtes la maîtresse de votre cœur Pauline, de le donner à celui qui mieux que moi, a su le mériter, à celui qui va vous apporter un rang dans le monde, de la fortune sans doute, tandis que le pauvre soldat n'avait à vous offrir qu'un sort médiocre et audessous de votre mérite... Oh! vous avez bien fait de ne point accepter l'amour d'un insensé qui, sans nom, sans fortune, avait convoité de ses désirs audacieux celle que le ciel a créé pour l'ornement de la société et le bonheur du riche.

— Michel, n'accusez pas mon cœur d'un froid calcul, d'une ignoble ambition, oh! non! car l'amour seul m'inspira pour celui que je désire et accepte en qualité d'époux.

— Qu'il en soit fait selon vos désirs alors, soyez heureuse, Pauline, et puisse l'heureux mortel que vous avez choisi, apprécier autant que moi vos rares et précieuses qualités !

— Michel, vous viendrez quelque fois, je l'espère, visiter votre amie, ce sera lui donner une douce preuve que vous n'aurez pas cessé de l'estimer, de vous intéresser à elle? interroge Pauline avec affection.

— Oui, je ferai en sorte d'avoir ce courage, car en vous perdant pour toujours, je ne puis encore cesser de vous aimer.

— Bon Michel, n'oubliez point non plus, que la vieille voisine de votre mère Catherine, va rester toute seule en sa chambrette, privée de sa Pauline, vous viendrez la consoler aussi n'est-ce pas ?

— Vous, rester seule, abandonnée, à votre âge! non, ne le pensez pas ma mère, oh! vous viendrez avec moi, avec votre fille dont vous partagerez le sort, dit vivement Pauline en s'emparant de la main de la dame et la pressant dans les siennes.

— N'y compte pas, mon enfant, je suis trop âgée pour prendre de nouvelles habitudes; ensuite, ton mari ne serait peut-être pas satisfait de rencontrer sans cesse à tes côtés une vieille femme comme moi.

— Édouard m'aime trop pour que son amitié, ses soins ne se déversent point sur les personnes qui me sont chères.

— Hum! hum! nous verrons tout cela un peu plus tard, fait la dame en branlant la tête en signe d'incrédulité, puis apercevant Michel, qui semblait être enfoncé dans une profonde rêverie, eh bien! mon garçon, est-ce que la vieille Germain, sur le point de perdre aussi l'unique objet qui lui soit cher, montrera plus de courage que vous? Allons, allons, de la fermeté, oublions la volage qui nous fuit.

Alors, Michel relève la tête, montre des yenx humides qu'il fixe sur Pauline en soupirant. Quelques instans encore durant lesquels règne un morne silence, chacun se sentant attristé et mal à l'aise, puis la pendule qui fait entendre l'heure de la retraite pour le visiteur.

— Adieu, Pauline, Adieu!

— Adieu, Michel, vous reviendrez nous voir, n'est-ce pas mon ami? fait entendre la jolie fille d'un ton suppliant.

— Oui, oui, je ferai en sorte!

Et cela dit d'une voix émue, Michel,

s'échappe vivement pour courir frapper à la porte de Catherine.

— Seigneur bon Dieu! quoi que t'as donc mon enfant, est-ce que tu serions malade? s'écrie l'ex-cantinière après avoir ouvert au jeune homme,

— Non Catherine, je ne suis pas malade. Et cela disant, Michel va se jeter sur une chaise, et là, cache son visage dans ses deux mains.

— Jour de Dieu! mais tu pleures, je crois mon fieux? Quoi que t'as, Michel, voyons, déboutonne ça à ta vieille Catherine : est-ce que tu serions cassé de ton grade, est-ce que t'aurais fait queuques brioches, serais-tu en ribotte, par hasard?..

— Hélas! ma mère, elle se marie! elle en épouse un autre que moi! répond Michel, en sanglottant.

— Qui, qui se marie? qui, qu'en épouse

un autre? fait la cantinière en s'agenouillant devant le jeune homme, en essuyant les larmes qu'il verse, avec un mouchoir dont elle vient de s'emparer à la hâte.

— Pauline! ma mère, Pauline!

— Eh ben! est-ce que tu la regretterions par hasard?

— Hélas! toute la vie! soupire Michel.

— Quoi, une fille qui s'est fait faire un enfant par un autre, qu'est grosse à pleine ceinture, au point que ça en faisions cancanner tout le quartier, fi donc, Michel! t'as pas de cœur.

— Catherine! osez-vous bien attaquer ainsi la plus vertueuses des filles? Pauline enceinte, quelle calomnie!! s'écrie le jeune homme avec indignation.

— Par exemple! je te conseille de le nier. A cà mais, t'as donc les yeux dans ta poche, garçon?

— C'est impossible, vous dis-je.

— Et moi j' te disons que çà est, je le tenons de la fruitière d'en bas qui le teniont de la mercière la bossue, à qui le petit Coco l'a avoué, il y a une dixaine de jours ; à preuve que la jeune fille à qui le vieux Pierre Renaud, qu'on dit être son père pour de bon, donnions une grosse, très grosse dot, afin quelle épouse dans huit jours celui qui lui avions fait l'enfant et qu'on disions t'être un jeune homme très coçu.

— Serait-ce possible ?... Oh ! non ; toi Pauline, la vertu même, tu ne peux avoir ainsi failli à l'honneur, s'écrie Michel, après un instant de réflexion.

— Franchement, t'es drôlement entêté ; garçon. Au surplus, regarde nigaud et tu verras la taille de ta petite un peu gonflée, que j' disons.

— Pauvre Pauline ! je devine maintenant

la tristesse qui te dévorait, ce qui causait les larmes que je te vis si souvent répandre!

— Dis-donc, Michel, qui qu'aurait dit çà de c'te petite mijaurée?

— Grâce pour sa faute! ma mère, plaignez-la, et ne la blâmez pas.

— Dam! j' voulons ben, mais à condition que tu ne te feras pas de chagrin pour elle.

— Non, ma mère, je l'oublierai, je ne la reverrai plus.

— Bien, très bien; mais garçon ne faut pas prendre c'te détermination en pleurant, en vrai pousse-mou, ainsi qu' tu l' fais; faut du courage fieux, et te dire à part toi: ct' Pauline est z'une bégueule qu'a pas voulu d'un brave militaire comme moi, et que le bon Dieu a punie de c'te bêtise en lui envoyant un poupon avant l' sacrement... Eh ben! tu t'en vas déjà Michel, reprend Catherine surprise en voyant Michel se lever brusquement et prendre son chapeau.

— Oui, mère, il est onze heures, et mon devoir me rappelle à la caserne.

— Mais au moins avant de me quitter, mon beau brigadier, promets à ta vieille Catherine que tu n'auras plus de chagrin, dit la bonne femme en pressant le jeune homme entre ses bras.

— Non, mère, soyez sans inquiétude, j'aurai du courage, je l'oublierai, je vous assure.

Un baiser sur les cheveux blancs de sa mère adoptive puis Michel s'éloigne rapidement.

Enceinte, elle enceinte ! Oh ! les femmes, les femmes ! comme elles sont trompeuses, et que je suis malheureux !!! Oui, je tiendrai ma promesse, je l'oublierai s'il se peut malgré tous les tourmens, le désespoir que me causent sa perte et la connaissance de son déshonneur. Au diable les scrupules, la vertu et les grands sentimens. Moi aussi, je veux des maîtresses sans amour, des femmes que je tromperai, dont je me jouerai de la vertu et de l'amour, alors mes camarades ne plaisanteront plus sur ce qu'ils appellent mon innocence; car désormais je veux les surpasser en débauches, en roueries... A moi donc une vie d'intrigues et de plaisirs, les femmes, le vin la bonne chère... oui, à moi tout cela pour me consoler de la perte de l'objet qui m'était le plus cher de tout, de ma Pauline si douce, si belle, dont le souvenir me fait mourir de douleur, d'amour et de regret! Ainsi pensait Michel en cheminant d'un pas rapide, et en versant des larmes brûlantes et nombreuses.

X

UNE CONQUÊTE.

— Savez-vous, beau brigadier, que vous êtes un heureux mortel?

— Vous croyez, madame Mignard, cependant je pensais n'avoir guère à me louer du bonheur dont je suis doué dites-vous, ici bas, répondait un soir Michel de garde à l'Opera, à l'estimable ouvreuse des secondes galeries, laquelle causant avec lui depuis une heure, venait de lui lâcher le compliment ci-dessus.

— Malgré votre dénégation, je m'en tiens à mon premier dire : oui vous êtes un mortel privilégié, un garçon chéri des jolies femmes, à part l'indifférence dont paya votre amour, cette petite Pauline Germain, d'après ce que m'a raconté votre mère adoptive et mon ancienne voisine qui, ces jours derniers a été assez aimable pour venir me voir et jacasser avec moi un instant.

— Et instruite de mes chagrins, de la perte de mes plus chères affections, vous vantez mon triomphe sur le cœur des femmes.

— Certainement, car vous avez fait ici et sans y penser une conquête dont bien des grosses têtes avec leur or et leurs fadeurs, n'ont pu venir à bout et que plus d'un rival vous enviera.

— En vérité, ma chère madame Mignard, comment ça, voyons, expliquez-vous.

— Sachez-donc, heureux coquin, que mademoiselle Julia, une de nos plus jolies danseuses, est tombée folle amoureuse de vous et cela rien que de vous avoir aperçu au théâtre avec votre bel uniforme, les soirs où vous venez avec votre piquet y monter la garde.

— Ah! eh bien! après, fait Michel froidement.

— Après?.. Dam! c'est à vous maintenant à tirer bon parti de cette bonne fortune, en commençant par vous rendre à l'invitation qu'elle vous fait par ma bouche d'aller demain à sa petite maison de campagne d'Auteuil, afin d'y déjeuner avec elle ; au surplus, en cas d'incrédulité de votre part, voici un petit billet parfumé qu'elle m'a chargé de vous remettre et qui renferme l'invitation écrite de sa main.

— Merci ; je ne veux ni du billet, ni de la danseuse, dit Michel en repoussant avec dédain la petite lettre que lui présente la complaisante ouvreuse de loges.

— Par exemple ! êtes-vous fou ou niais, Michel de refuser l'amour d'une jolie femme après laquelle courent tous nos fashionables aux gants jaunes, tous nos banquiers et agens de change, une femme enfin qui a de belles connaissances et qui peut vous protéger efficacement.

Mais je vois d'où vient ce refus, monsieur est romanesque, le chagrin d'avoir perdu celle qu'il adore le rend indifférent, lui fait haïr le beau sexe, en voilà une bêtise pour un bel homme et un militaire encore ! Allons donc est-ce qu'il faut être comme ça ! du tout ! une maîtresse nous trompe il faut en rire et se consoler avec une autre... Au surplus Michel, mademoiselle Julia, est là dans une des loges de face, regardez par ce carreau puis dites, s'il ne faut pas être le plus sot des hommes, pour refuser d'être le benjamin d'une aussi belle créature.

Michel poussé par un mouvement de curiosité suit le conseil de madame Mignard et aperçoit Julia jeune et jolie femme, au sourire enchanteur, à la taille svelte et gracieuse, qui assise sur le devant d'une loge, cause en ce moment avec un jeune homme assis à ses côtés et qu'à sa grande surprise, à son grand mécontentement Michel reconnaît pour être Félix de Viguerie, cet homme qu'il hait, qu'il rencontre sans cesse sur son chemin.

— Eh bien ! comment la trouvez-vous, qu'en dites-vous ?...

— Elle est ravissante ! mais ce jeune homme qui est dans la loge avec elle ?..

— Çà, un de nos abonnés, un fat, monsieur de Viguerie enfin, l'adorateur de toutes nos dames, et qui depuis un mois à peu près, courtise mademoiselle Julia, du reste une bonne pratique pour les ouvreuses qu'il charge de la distribution de ses billets doux.

— Cet homme est donc l'amant de cette danseuse? interroge Michel.

— Dites plutôt le banquier de mademoiselle Julia.

— Enfin il l'aime ?..

— C'est possible, mais elle, ne l'aime pas, avantage que possèdent près de nos dames les gens qui achètent leurs faveurs.

— Faveurs que cette femme desire partager entre ce de Viguerie et moi, dit Michel en souriant.

— Allons donc ! ne savez-vous pas que

chez nos dames, le cœur est tout à l'amant aimé et les grimaces pour l'entreteneur. Mais, voilà qui ne vous va plus monsieur le sage, le philosophe, votre vertu s'effarouche et recule devant ce singulier partage, n'est-ce pas? Et notre belle Julia en sera pour ses frais d'avance pour s'être adressée au plus jobard des hommes.

— Là, là! ne vous emportez point ainsi madame Mignard, qui vous dit que vos paroles ne m'ont pas décidé, que la présence de ce M. de Viguerie près de Julia n'est point un puissant motif d'amour-propre qui me fait envoyer au diable tous les scrupules que d'abord je vous ai témoignés.

— Voilà qui est différent. Ainsi donc vous acceptez le billet, vous irez demain déjeuner à Auteuil?...

— J'accepte tout, j'irais partout, en enfer

même si je savais y dépister de Viguerie pour peu qu'il s'y trouvât bien.

— Je conçois, vous en voulez à cet homme et comptez en lui soufflant sa maîtresse vous venger de lui.!

— C'est à peu-près celà, dame Mignard, maintenant, donnez, donnez le billet et recevez mes remercîmens sur votre extrême obligeance.

— Michel, vous viendrez me raconter vos succès, n'est-ce pas?

— Sans doute!

— Vous ferez bien, beau brigadier, car vous savez que la mère Mignard qui vous a vu tout petit, vous aime comme son enfant et s'intérese à vous. Ah! bien des choses de ma part à Catherine.

— Je n'y manquerai pas.

Cela dit, Michel quitte l'ouvreuse pour retourner à son poste, muni du billet parfumé qu'il ouvre en marchant, où il lit ce peu de mots :

« Une dame qui s'intéresse à monsieur
« Michel, d'après tout le bien qu'elle entend
« dire de lui, désirant ardemment faire sa con-
« naissance, l'engage à vouloir bien venir
« déjeuner demain ou après demain chez
« elle, dans sa maison à Auteuil, rue de Boi-
« leau, demander mademoiselle Julia.

J'irai, oui j'irai ! ne fût-ce que pour ravir la possession de cette femme à ce fat de Viguerie. D'ailleurs n'ai-je pas juré de me livrer au plaisir, de faire mille conquêtes, de désespérer les femmes, de me venger sur toutes de l'indifférence d'une seule, de celle qui a détruit mon bonheur de toute la vie, qui s'est donnée pour épouse à un autre que moi qui l'aimais tant, qui la regretterai jusqu'à mon dernier jour, et que sa perte met au désespoir.

En terminant ces dernières paroles, Michel essuya une larme qui bordait sa paupière puis rentra au corps de garde, où son devoir réclamait sa présence après une absence de plus d'une heure passée près de madame Mignard, l'ouvreuse de loges qui l'avait fait prier de monter près d'elle, dans l'intention de lui remettre le billet de la danseuse, commission payée d'avance, par cette dernière du don d'une brillante pièce d'or de vingt francs.

Fidèle à sa résolution de la veille, Michel, libre de tout service, pour une partie de la jonrnée, soigne sa toilette, puis tiré à quatre épingles, la moustache encaustiquée et relevée avec grâce, notre héros grimpe dans un omnibus, roule vers Passy, d'où il s'achemine pédestrement par le bois de Boulogne vers le village d'Auteuil.

— Mademoiselle Julia, s'informe-t-il à une jolie femme de chambre au regard espiègle, laquelle vient de lui ouvrir la porte d'une jolie et champêtre habitation de la rue Boileau.

— Entrez monsieur, je vais prévenir ma maîtresse.

Et sur cela la chambrière le laisse seul dans l'antichambre où bientôt elle vient le rejoindre pour l'introduire traversa plusieurs pièces richement meublées, dans un petit et élégant boudoir où règne seulement un demi-jour voluptueux, grâce au triple rideau soyeux dont l'épaisseur oppose une barrière aux rayons d'un soleil brûlant. Là, sur un moëlleux divan, une jolie femme enveloppée dans les flots d'une mousseline blanche et légère, dont la gracieuse bouche sourit dont la main petite, blanche et potelée s'avance pour indiquer un siége placé tout près du sien, au jeune homme.

—Merci, monsieur Michel, d'avoir bien voulu vous rendre à l'invitation d'une inconnue qui mourait d'envie de faire votre connaissance, dit Julia d'un accent doux et gracieux.

— En vérité, mademoiselle, je ne conçois pas et ne sais à quoi attribuer l'avantage précieux dont vous daignez m'honorer, répond Michel en s'asseyant, et frappé d'admiration en contemplant la charmante figure de la jeune femme.

— Je vous parlerai tout de suite avec franchise, Michel; votre physique est bien et m'a plu; tout en vous m'annonçait un bon enfant, m'inspirait le désir de vous connaître mieux; je n'ai donc rien trouvé de plus expéditif que de faire prendre divers renseignemens sur vous près d'une des ouvreuses de loges de notre théâtre avec laquelle je vous ai vu souvent causer; les réponses de cette femme ont toutes été à votre avantage, elles ont affermi la bonne opinion que j'avais de votre personne et comme il est impossible de faire connaissance sans se voir ni se parler, j'ai pris le parti de vous écrire pour vous inviter à venir chez moi où votre galanterie vous amène selon mes désirs. Maintenant, répondez, me trouvez-vous jolie?

— Au-delà de tout, dit Michel avec empressement.

— Pensez-vous pouvoir aimer une femme de ma sorte?

— Mieux encore; je pense devoir l'adorer.

— Touchez-là, Michel, et soyons amis, dit la danseuse en tendant au jeune homme une main charmante, où ce dernier, surmontant l'émotion que lui cause une semblable aventure et ce singulier début, dépose un tendre baiser.

Alors s'entame un entretien aussi tendre qu'intime, où Michel fasciné par les charmes et l'amabilité de Julia devient oublieux de ses chagrins, chasse toute timidité de son cœur, pour ne plus s'occuper qu'à prodiguer les caresses que l'agaçante danseuse provoque par un aimable badinage et qu'elle rend avec usure à l'amant dont elle vient subitement de captiver la tendresse et les sens.

— Julia, tu es adorable, disait après un moment Michel en pressant la jolie femme dans ses bras.

— Et toi l'homme que j'avais deviné, que je désirais; mais dis-moi Michel, me seras-tu longtemps fidèle?

— Longtemps, répond le jeune homme en souriant.

— Déjeunons maintenant.

Cela dit, Julia agite le cordon d'une sonnette; la femme de chambre paraît en roulant une table sur laquelle est placé le déjeuner, puis se retire aussitôt. Les amans se mettent à table où tout en mangeant ils recommencent leur badinage; où la voluptueuse bayadère fait perdre plus de la moitié de la raison à Michel, cela à force de caresses et de vin; aussi, Julia demandait-elle à son tour à boire, Michel lui présentait des petits pâtés; avait-elle besoin d'une assiette il lui approchait du pain ou une caraffe; enfin cent bévues qui excitaient l'hilarité de la jolie femme et dont elle punissait l'amant par un baiser.

— Julia, connais-tu bien l'homme avec lequel tu étais hier à l'Opera, s'informe subitement Michel au dessert.

— Oui, Félix de Viguerie, un pédant, un

être insupportable, que je déteste, mais dont j'aime et exploite la générosité; ton rival enfin...

— Sur ton cœur, veux-tu dire? interrompt Michel?

— Plus encore sur celui de la femme que tu as tant aimée, de cette Pauline qu'il a séduite, et qu'il vient d'épouser il y a quinze jours au plus.

A ces mots, Michel se lève brusquement, au risque de renverser la table, puis hors de lui, tremblant et les yeux remplis de colère et d'indignation :

— Malheureuse! que viens-tu de m'apprendre? quoi ce Félix de Viguerie, ce lâche, ce débauché, cet être cupide, serait l'époux que Pauline s'est donné?

— Lui-même, répond la danseuse surprise et presque effrayée.

— Julia, Julia ! au nom du ciel ! de qui tenez-vous cette affreuse nouvelle?

— De la bouche de madame Mignard qui m'a raconté tes amours malheureuses, de M. de Viguerie lui-même, qui, en m'instruisant de son mariage, en me nommant son épouse, m'a fait reconnaître cette Pauline que tu regrettes.

— Malédiction ! l'infortunée s'est perdue ! s'écrie Michel avec fureur ; puis reprenant : Adieu Julia, adieu ! nous nous reverrons, car j'ai beaucoup à exiger de toi ; adieu, car il faut que je coure m'assurer si cette funeste nouvelle n'est point une erreur de ta part. Adieu, adieu !

Et en jetant ces derniers mots, Michel s'éloigne d'un pas rapide, laissant la danseuse aussi stupéfaite que mécontente de ce brusque départ.

FIN DU TOME PREMIER.

PARIS. — Imprimerie d'Amédée Saintin, rue Saint-Jacques, N. 38

NOUVELLES
PUBLICATIONS
Sous presse pour paraître incessamment.

LE LORD BOHÉMIEN

Par DESSESARTS. — 2 vol. in 8.

LE CONFESSIONAL

DE L'HOTEL DE SENS
OU LES PAGES DU ROI EN 1575.
roman historique par amédée de BAST 2 v. in-8. 15 fr.

LA BELLE MÈRE

ROMAN DE MOEURS
Par Maximilien PERRIN. — 2 v. in-8. 15 fr.

LE DOMINO ROSE

OU LA MAITRESSE INVISIBLE
Par Maximilien PERRIN, — 2 v. in-8.

LES DEUX FAMILLES

OU LE CHATEAU DE SAINT-FELIX
Par le baron de LAMOTHE-LANGON. — 2 vol. in-8.

UNE PERLE DANS LA MER

Par A. DESSESARTS, rédacteur de l'Echo Français.
2 v. in-8. 15 fr.

LES DEUX GRISETTES

OU LA MANON LESCAUT DU MARAIS.
Roman de mœurs par E. FRADELLE. — 2 v. 15 fr.

Imprimerie de Pommeret et Guenot, rue et hôtel Mignon, 2.

www.ingramcontent.com/pod-product-compliance
Lightning Source LLC
Chambersburg PA
CBHW060354170426
43199CB00013B/1872